书山有路勤为径,优质资源伴你行
注册世纪波学院会员,享精品图书增值服务

医药营销管理系列丛书

医聊
医药代表拜访指南

（第3版）（修订版）

[美] 安迪·法兰 ◎ 著
张志扬 孙峰 ◎ 译
李九翔 刘曼 ◎ 审

THE DOCTOR AS CUSTOMER:
A Guide for Pharmaceutical Representatives (3rd Edition)

电子工业出版社
Publishing House of Electronics Industry
北京·BEIJING

The Doctor as Customer: A Guide for Pharmaceutical Representatives（3rd Edition）by Andy Farah.

Copyright © 1999 by Andy Farah.

This edition arranged with Farah Consulting through BIG APPLE TUTTLE-MORI AGENCY, LABUAN, MALAYSIA.

Simplified Chinese translation edition copyright © 2009 by Publishing House of Electronics Industry. All rights reserved.

本书中文简体字翻译版由 Farah Consulting 通过 BIG APPLE TUTTLE-MORI AGENCY, LABUAN, MALAYSIA 授权电子工业出版社独家出版发行。未经书面许可，不得以任何方式抄袭、复制或节录本书中的任何内容。

版权贸易合同登记号　图字：01-2009-0495

图书在版编目（CIP）数据

医聊：医药代表拜访指南：第 3 版：修订版 /（美）安迪·法兰著；张志扬，孙峰译. —北京：电子工业出版社，2021.3
（医药营销管理系列丛书）
书名原文：The Doctor as Customer: A Guide for Pharmaceutical Representatives, 3/e
ISBN 978-7-121-38726-5

Ⅰ. ①医… Ⅱ. ①安… ②张… ③孙… Ⅲ. ①药品－市场营销学－指南②医疗器械－市场营销学－指南 Ⅳ. ①F724.73-62

中国版本图书馆 CIP 数据核字(2020)第 043775 号

责任编辑：卢小雷
印　　刷：北京盛通数码印刷有限公司
装　　订：北京盛通数码印刷有限公司
出版发行：电子工业出版社
　　　　　北京市海淀区万寿路 173 信箱　邮编 100036
开　　本：787×980　1/16　印张：13.5　字数：216 千字
版　　次：2010 年 3 月第 1 版（原著第 3 版）
　　　　　2021 年 3 月第 2 版（原著第 3 版）
印　　次：2025 年 8 月第 14 次印刷
定　　价：68.00 元

凡所购买电子工业出版社图书有缺损问题，请向购买书店调换。若书店售缺，请与本社发行部联系，联系及邮购电话：(010) 88254888，88258888。
质量投诉请发邮件至 zlts@phei.com.cn，盗版侵权举报请发邮件至 dbqq@phei.com.cn。
本书咨询联系方式：(010) 88254199，sjb@phei.com.cn。

赞 誉

我的职业生涯就是从医药代表开始的，我深感医药代表是一个对专业知识和沟通技巧要求很高的职业，同时也肩负着很重的责任。虽然目前在中国已有很多人从事医药代表的工作，但医药代表在中国尚未成为一个正式的职业，缺乏相应的职业培训和认证。本书对于那些正在从事医药代表工作或有志于从事这一工作的人士具有很高的参考价值，可以帮助其对医药代表工作有一个全面的了解和认识。

吴晓滨博士

惠氏中国大陆及香港地区总裁兼董事总经理

从 20 年前杨森、葛兰素史克、施贵宝等外企进入中国医药市场以来，中国本土的医药企业一直在学习并借鉴国际制药行业的先进经验。但基于自身的种种原因，非专业化的销售推广模式仍在许多制药企业中占据着重要位置。2009 年始，中国医药产业进入了新医改形势下的新的市场环境。如何培养、打造专业化的医药推广队伍，改进医药营销模式，都是所有制药人思考的问题。而思考的唯一出发点就是了解医生！

本书正是从一名医生的视角，告诉我们医生是什么样的人，是如何思考问题的，对医药代表的期望和好恶，等等。相信，许多医药代表都能开卷有益，从中得到新的思考点，逐步建立与医生之间真正的职业伙伴关系。同时，本书也介绍了多种实用的销售技巧。

秦玉峰

华润医药集团东阿阿胶股份有限公司总经理

目前，在中国从事医药代表工作的人已达上百万，但医药代表还不是一个被国家认可的正式职业。本书中最重要的内容恰恰是，就如何成为职业的医药代表，通过一项 500 名医生参与的调研报告，给医药同人提供了新鲜的视角。医药代表不会从市场上消失，但需要蜕变，需要职业化，需要在医药行业中真正创造价值。

丁利华

德国苏威制药有限公司中国业务运营总监

随着新医改的不断深入和发展，中国医药市场将迎来空前的机遇，医药代表的作用将越来越重要，他们就像医生的助理，协助医生合理用药、正确用药并及时处理药物导致的不良反应……你想成为一名成功的医药代表吗？本书从医生的角度，描述了一名成功的医药代表应该具备的素质和能力，具有很强的实用性和操作性。

关晖

西安杨森制药有限公司商务副总监

本书不仅对于医药代表的日常拜访，从医生的视角给出了"应该"和"不应该"的做法，而且对于如何开展学术推广会和医学继续教育项目，也同样给出了很有价值的建议。很值得当下的医药代表认真一读。

王宏

江苏正大天晴药业股份有限公司副总经理

若干年前，我的一位同事在闲聊中告诉我："你信不信，现在是晚上 10 点，我给某某主任打电话，他会在半小时之内出现在咱们面前！"我理解，他在炫耀他有多么了解客户，多么能影响客户。这让我无语，我不能简单地判断他的行为是对还是错，但如果我们的客户关系都建立在这样的关系上，我们对客户的理解也许就出了问题。

"理解医生"是所有医药代表经常挂在嘴边的话，也是各个医药公司在培训课上经常出现的内容。我们通常会在销售人员的培训中提及该话题，但怎样才算真正理解客户？销售人员最需要的是一个有效的工具。

如果你也需要的话，那么你选择本书的决定是正确的，因为它从医生客户的角度提供了一个系统的工具。在通读全书后，你可以发现，理解客户是有章可循的，你可以真正利用书中提及的观念来深入了解你的客户。这对医药销售人员树立专业形象并拓展客户关系是至关重要的。

程彤

默克雪兰诺中国HR/学习中心副总监

推荐序一

初识张志扬是在多年前,他曾服务于我所在的北京诺华制药有限公司,担任产品经理。数载岁月轮转,当年跨国制药企业的精英成长为医药行业管理营销理念的推广者,虽鲜见,思之却也颇为自然。欣然应允为其译著作序,除了有感于年轻一代的执着钻研、独辟蹊径,还有着一个私心,希望将此书推荐给更多对中国医药代表这个行业不甚了解的人,也希望为医药代表的从业者提供一本优秀的指导书籍。

医药代表确实是一个特殊的团体,从所谓"灰色利益链中的一环"到传递产品信息的使者,这个团体的变迁烙刻着中国医药卫生事业的发展轨迹。诚如本书作者安迪·法兰提出的贯穿本书的一个概念——人们对"医药代表"实际上有一种误解……他们更是一群健康保健工作者、医学教育者。此观点深契我心。医药代表是联系医药公司与医院的纽带，随着药物及诊疗手段的日益复杂，医药代表在帮助医生了解药物疗效和正确的临床使用方法等方面的作用日益凸显，尤其对于新药物的信息，在很大程度上是依靠专业的医药代表才能准确地传达到医生那里的。

安迪·法兰是一名精神科的临床专家，是众多医药代表要争取的重点客户和演讲专家。本书的核心理念是，帮助医药代表理解如何站在临床医生的角度看待自己的工作与价值。作者从临床医生的教育经历着笔，继而拓展到医生临床医学决策基础，同时分析了驱动医生处方行为的心理，解析了医生对医药代表的期望和需要其提供的帮助，提倡医药代表跳出销售指标、完成率的限制，从销售代表的思维惯性中抽身出来，将自己定位于一名病患康复的参与者，从而真正成为一名被医生需要和信任的合作伙伴。我个人也希望，每位专业医药代表及有志于从事这个职业的读者们在阅读本书后能重新思考自己的工作价值和定位。

本书另一个令人欣喜之处在于，除了探讨医药代表的价值定位这样深层次的话题，作者还结合许多临床实践中的经历，和读者分享了颇有价值的实战技巧，例如，如何针对新产品和已上市产品设定不同的拜访要素，如何避免在传递产品信息时遇到的10种障碍，如何进入医生处方行为的"舒适区"，如何更有效地改变医生的处方习惯等。我相信，本书传达的正确的职业价值定位和适当的沟通拜访技巧必将使读者深受裨益。

医药代表这个职业无疑是年轻人初试锋芒、锤炼意志的不二选择。这个职业不能谓不苦，在酷暑寒冬中风雨无阻地向医生传递医学信息，随时准备以微笑迎接冷眼和拒绝，在点滴中探寻医生和病患的需求，在一次又一次的成功与失败中总结与人沟通的技巧。这个职业更是培养未来医药行业管理者的最佳训练营，在做医药代表时累积的业务实战经验，以及锻造的品格和意志，都是一名管理者一生享用不尽的财富。

深夜作序，脑海中不免浮现出自己初入医药行业担任医药代表时的辛酸苦甜。孟子说："天将降大任于斯人也，必先苦其心志，劳其筋骨，饿其体肤，空乏其身……"回首自己20年来从事医药事业的心路历程，劳亦劳矣，苦即苦矣，但仍矢志不渝，乐在其中，想来也和自己在做医药代表时练就的钢筋铁骨及自信向上的心态有关吧。

时光荏苒，中国医药行业变革之巨怎不令人欣喜。也希望能有更多有志之士投身中国医药卫生事业，留下浓墨重彩的篇章，本书可谓起到抛砖引玉的作用了。

是以为序。

邓建民

北京诺华制药有限公司首席执行官兼总裁

2009年7月29日夜于北京

推荐序二

断断续续地把英文版看完,把书合上,闭目养神,漫漫的思潮把我带回了做医药代表的年代,过去的经历一幕一幕都浮现在眼前。在四十多年前,我在中国香港加入英资和记洋行当医药代表。那个时期的医药代表没有接受系统的入职培训,走了很多弯路,受了很多委屈,碰了很多钉子。我们只能在工作中学,跟前辈学,跟医生学。

本书作者安迪·法兰通过自己在平常与医药代表的接触,观察他们在工作中的行为表现,并加上其他医生的意见,以公正、客观的态度,从医生的角度,细说了医生的训练特征,以及在医院内不同医生处方习惯的形成和背后的心理因素,又以说故事的方法,带出成为一位受医生欢迎和优秀的医药代表需要具备的要素。这是一本结构清晰、层次分明、用实例解说、易看易懂的工具书。

我国的医疗改革，将会在未来的3~5年间改写医药代表的工作方法。很多现在的潜规则会慢慢退出市场。专业的医学推广和教育模式将会慢慢回归。本书作者高度评价了医药代表的工作，把医药代表工作的难度和要求，比成好莱坞电影明星汤姆·克鲁斯拍的《职业特工队》中的任务一样充满挑战和艰辛。虽然我国的医疗制度和社会背景与美国不一样，但医药代表的工作职责和内容没有多大区别。假如我们从现在开始，按本书建议的方法去做，总有一天，我们会成为受医生、医护人员、病患尊敬和爱戴的专业医药教育工作者，从而为中国的医疗事业做出贡献。

杨伟强

原中美史克董事总经理

杨伟强管理技术有限公司总裁

群英寄语

像医生那样思考

"了解医生需求""倾听医生声音""走进医生世界"是医药销售培训课程倡导的重要理念，也是医药公司对医药代表的工作要求。但在实际销售工作中，医药代表常常误读医生的需求信息，不管不顾地推销自己的产品，甚至根本无法找到进入医生内心世界之门。

销售的目的在于实现价值交换的沟通和互动的过程。销售是通过提供客户认为有价值的"东西"，来达到自己目的的行为。销售和购买是一枚硬币的两个方面，所以销售行为依赖销售方和购买（使用）方的共同参与。对于医药行业而言，医药代表的价值体现就在于能够有效参与医生的价值形成和交换。归根结底，成功的医药代表的秘诀是，了解医生的认知规律、心理规律、行为规律，并在销售过程中实现持续不断的价值交换。

本书正是一本医生教医药代表如何做销售的书。作者安迪·法兰作为资深的精神科医生，根据自己多年和不同医药代表打交道的经验和体会，提出了很多有关医药代表如何站在医生的角度，以及像医生一样思考的很多建议和方法。译者张志扬和孙峰先生都是资深的医药行业营销人，书中的很多注解和点评正是他们多年从业经验的精华。

我和张志扬有着多年的良好合作关系。出版一套医药营销管理系列丛书是我们多年的心愿，张志扬也为此付出了很多的智慧和心血。本书是这套丛书的第一本，即将出版的是由营销学鼻祖菲利普·科特勒所著的《医药营销大趋势》（暂定名）。我们希望这套丛书能够有效拓展国内医药营销人的医药视野，提供新的思维方式，进而提升医药营销人在新医改环境下的专业能力和综合水平。

刘会

北京群英管理顾问有限公司

译 者 序

1990年，我还在念医科六年级，偶尔听说某位学长在医药公司当医药代表，每月能挣400元，羡慕得不得了。在临床实习时，见到某位医药代表，更觉得他的衣着上档次、够气派，举止也十分文雅。真正在临床接触医药代表是在天津大冢制药公司来麻醉科开推广会介绍封闭式塑料输液时，我们的老主任特意安排了全科医生和手术室的全体护士一起参加。在一次科室会之后，所有接受手术的病患都改用了封闭式塑料输液瓶。

由此，杨森、中美史克、天津大冢、施贵宝等制药公司引领中国的制药工业进入了临床推广的阶段。继而，大量的国外医药公司为中国的医药行业提供了众多的创新产品，更为重要的是，为中国的医药行业培养了一批又一批的行业骨干。

随着"天花板效应"和悸动的野心，"人才"不断走出外企，将他们所学到的知识和技能传播给国内的医药公司。国内的医药公司在新产品和临床学术推广方面难以与外企抗衡，遂发展出有自己特色的诸多医药营销模式和方法。在以近期销售论成败的时代，在中国的医药市场上到处都浮现着躁动的泡沫和掘金者的身影。

自2006年起，进入医药行业政策环境的多事之秋。众多的国内医药公司，掀起了临床学术推广的热潮。我也曾经受之有愧地为不少企业进行过临床学术推广的培训。然而，临床学术推广仅仅是开各种各样的会，做推广资料，在拜访时讲产品吗？非也。要回答这个问题，必须回到临床学术推广的本源上，即为什么要进行临床学术推广？

从最根本的意义上来说，临床学术推广的首要目标是教育医生，使医生能更好、更准确地使用药物（医疗器材），而终极目标是病患的利益。这一点在本书中多次被提到，并加以详细阐述。医生处于社会的高知识阶层，是医学领域的专家，但在一些小的细分领域（如关于某类药物的使用方法），同样需要他人向他们传授知识和提供帮助。

接着，医药界对8500亿元的"大蛋糕"望眼欲穿，目光尤其集中在基本药物目录，以及社区卫生机构和县乡卫生院的设备采购方面。这些的的确确是当下的重要机会。但是，想与医药代表同人分享的是，在社区卫生市场和新农合市场，需要医药营销人提出更多的创新思路，而不是将针对大医院的销售手法搬过来。本书作者，针对专科医生和社区医生间的差异，为我们提供了很好的思路。

21世纪的世界医药行业，已经进入了生物技术时代。营销学鼻祖菲利普·科特勒认为，从国际来看，纯粹的化学制药企业将逐渐消亡，取而代之的是生物技术在医学和制药领域的迅猛发展。众多制药巨头纷纷向生物制药公司转型。而药物销售必然会随着行业环境的变迁而寻找新的营销之路。

本书作者安迪·法兰是一名精神科医生，也为医药行业提供培训和咨询。在工作中，法兰医生接触了大量的医药代表，既享受着医药代表的服务，也经受着医药代表的折磨。由此，激发了他为医药代表写一本书的灵感。

本书为大家开启了新的思维方式，从医生的视角，回答了许多医药代表们关心的话题，如医生的处方行为、处方习惯、医生心态、医药代表的错误等。为了使广大读者深入理解本书的内容，出版社在策划之初就要求译者必须提供与中国市场相结合的内容。所以，大家看到的，不仅仅有"原汁原味的牛排"，还有"中国的葱姜蒜"（译者注）摆在边上。书的内容就在那里，不多啰唆了。希望大家开卷有益。

在本书的翻译过程中，得到了许多医药行业同人的支持和帮助。在翻译初稿完成后，我将其发给部分朋友看，从他们那里得到不少很好的建议。在不断修改的过程中，特别感谢司马剑明、张小平和吕库先生，他们为我和孙峰提供了很多非常有价值的意见。同时，也感谢刘会、关平先生，以及研制开发制药企业协会（RDPAC）的谢盛训、温晓春先生，他们在前期为本书的规划提出了很好的建议。在诸多致谢中，尤其要感谢辛冬生先生。辛先生不仅是我进入医药行业的引路人，更是我此后的良师益友。在本书的翻译出版过程中，他多次给予我鼓励和支持。

最后，要感谢邓建民、杨伟强、吴晓滨、秦玉峰先生及众多行业内的朋友们。承蒙医药行业前辈杨伟强先生的赏识，特邀他为本书撰写了推荐序。吴晓滨先生曾是我多年的同事，我曾从他那里受益良多。我和孙峰都与东阿阿胶公司有着不同的渊源，值本书出版之际，拜托秦玉峰先生从中国本土制药人的角度，为本书撰写了推荐语。丁利华、关晖、王宏、程彤、刘会等诸多朋友从不同的视角，为本书的出版、为读者提供了他们的真知灼见。

书是别人的。读过书后记住了，才是自己的。同时，读书是痛苦的，也是快乐的。

您打算来多少"痛"和"快乐"？

张志扬

doctor_as_customer@126.com

2009年7月于北京贯通大厦

译者简介

张志扬，1991年毕业于原北京医科大学临床医学系，做了3年麻醉师。之后，进入医药行业，在日本泰尔茂公司、北京诺华和德国拜耳从业12年。先后担任产品经理、高级产品经理和新业务发展经理，从事产品管理和公司发展战略规划方面的工作。

在市场部和新业务发展部工作的10年中，逐渐感到自己的知识很匮乏，遂先后在北京大学光华管理学院和中国政法大学"镀金"，获得MBA和经济法学硕士学位。

离开外企至今已经十几年了。起初睡够了在外企打拼时欠下的觉，呼吸到写字楼外的空气，还偷空儿看了看北京灰暗的天空。然后，开始忙着为医药企业培训并提供营销咨询，以此养家糊口。从

2007年开始，嗅到了社区卫生的"味道"，创办《社区健康》报，为医药企业在这一新兴市场提供推广的途径和交流平台。

孙峰，医学本科，后就读于香港大学培训学院，获得整合营销传播硕士学位。曾在西安杨森制药有限公司工作，历任医药代表、地区经理和中国北区域大区经理。后在石药集团欧意药业任副总经理。现工作于东阿阿胶股份有限公司，任处方药事业部总经理。担任中国人民大学医药项目组高级顾问，主要研究方向为销售和市场的专业化管理和营销执行。在团队和人员管理方面有独到的经验，为国内外多家医药企业做过有关营销方面的咨询顾问和培训。

前　言

不可能的任务

每名医药代表都承担着一项几乎不可能完成的任务。你们为了得到和医生进行交流的拜访时间，必须在工作中克服"心理卫士"的警戒，还要绕开诸多心理暗礁。首先，要和医生建立和谐的人际关系，才能就自己所负责的产品，对医生进行教育，介绍有关产品的特性，回答医生的所有问题，并了解医生对临床应用方面的关注点。然后，等待着那难以捉摸的"销售缔结"时刻。

你也许只有不到30秒的时间来完成这个任务。通过你的拜访，使医生开始给合适的病患处方你的产品，并且令医生在使用你的产品时感到非常放心。如果你真的成功做到了职业化拜访，你和你的产品就都会在医生的心里留下长久的印迹。医生作为你的客户，将在今后的一段日子里，记住你的产品和你所传递的产品信息，在此后的临床工作中，也会想着用你的产品来帮助众多病患。

许多医药代表也许正因为看了本书的第 1 版，而上了医药代表这艘"贼船"。这使我感到有责任继续帮助大家，以应对每天都遇到的无数困难和意料不到的挫折。从本书第 1 版出版至今，制药业又涌现了许多出色的新产品，数以万计的医药代表们为了这一小片"时间蛋糕"而相互竞争着。处方药已经成为一个攸关人类健康的问题，并在政治舞台上不断上演着一幕幕政治剧，更是当今的热点话题。

当这些因素都叠加在一起时，医药代表们比以前面临着更多、更复杂的挑战！

许多医药代表已从事医药行业多年，但仍时常感到仅仅完成销售任务是远远不够的。无数医药代表都有能力完成这样的任务。医药代表在加入医药行业后，会接受许多培训。医药公司要求医药代表们掌握职业化的销售技巧和技能，如同培养医生的过程那样。所以，我一点儿也不感到惊讶：每天有数以万计、十万计的优秀的医药代表能得到医生的拜访时间，并利用拜访的机会对医生进行教育。但是，如果你想通过拜访给医生带来持久的影响，就必须做到超乎寻常、出类拔萃！

我在给医药代表进行培训时，不管采用的是电视或电话会议，还是一对一的协同拜访，总会有人向我提出这样一个问题："我怎么才能在众多优秀的医药代表中脱颖而出呢？"

本书的第3版将集中讨论以下两个方面的问题：

（1）如何成为优秀的医药代表。

（2）怎样从优秀的医药代表中脱颖而出。

本书的第1部分介绍医药代表的客户（医生）的职业特征：医生是如何"出炉"的；临床医学决策和药物选择决策；医生处方行为分析；影响医生处方习惯的因素。

第2部分介绍医药销售艺术。集中讨论医药代表的拜访技巧，涉及诸多话题，尤其是医药代表们关心的"销售缔结"，以及医药代表在拜访时常犯的11种错误。

第3部分介绍医药代表的价值导向。引导医药代表将日常拜访逐步上升到新的层次，使每次拜访都能给医生客户创造价值！在这部分，将学习到如何超越普通的层次，不再争夺医生有限的时间；如何通过有效的客户关系管理，从一名销售代表变成受医生欢迎的人员，并成为病患治疗团队的成员。

附录部分包括：与阅读本书有关的基本概念，受管制的神经/精神药物分类，以及医生如何看待医药代表的调查报告。

当然，在你所负责的区域内活跃着众多的医药代表，他们和你一样优秀。你和他们激烈竞争着医生的时间和医生的处方。但你要知道，总有机会留给最优秀的你。

在每类药物中都有许多相似的产品，而且新的产品还在不断挤进市场。每种药物都有其独特之处，更显示出医药代表作为一线医学教育者的重要作用。

在你的工作环境中，永远有许多外在因素影响你向你的目标医生传递产品和医学信息。不过，你的公司最看重的是，你所拥有的职业技能，以及能够以创造性的方式克服困难的能力。也正缘于此，公司才会聘请你当医药代表。

医药代表的工作确实富有挑战性，甚至有时看起来是不可能完成的。但是，正是通过医药代表的工作，促进了医学健康产业的发展。这一点太重要了！所以，医药代表应微笑着面对这样或那样的困难和偏见。

如果你还有其他在本书中没有谈到的问题，欢迎发送电子邮件到：

drandyfarah@yahoo.com

最后，祝你好运！翻开本书！

作者简介

安迪·法兰，出生于美国南加州查理斯顿市。从克莱门森大学（Clemson University）毕业后，就读于南卡罗来纳医科大学（Medical University of South Carolina）。1994年，在维克森林大学（Wake Forest University）完成精神病专科医师学习。目前，法兰医生就职于北卡罗来纳的 Triad 市，从事临床精神疾病的治疗，同时从事精神药物学的研究，发表了诸多有关临床研究的文章。尤其值得称道的是，法兰医生还发表了许多有关医药行业的商业文章。从1992年开始，法兰医生在临床决策方面进行了专项的系统研究。

法兰医生不仅从事临床精神病学的诊疗和研究，而且还为医药行业提供药物销售和营销方面的咨询顾问。他在过去的数年中为许多跨国制药公司提供了培训，尤其是在与医生的客户关系和专科产品的销售策略方面。

法兰医生曾在销售管理和销售领导力方面进行过一系列的演讲并发表了相关的文章，包括《紧急事件下的领导力与管理》《金字塔领导术》。

目 录

第1部分 了解医生客户

第 1 章 医学训练——医生是如何"出炉"的   2
    住院医生的磨砺历程   6
    现代医学模式   8
    关注未来的医生   9

第 2 章 临床医学决策和药物选择决策   13
    疾病的鉴别诊断过程   14
    衡量临床用药的风险与益处   16
    不断自我矫正的诊断过程   18

第 3 章　医生处方行为分析　24

处方的首要原则　25
对同一种疾病进行病患分型　27
药物的正面和负面信息　28
正视药物的负面信息　29
扩展医生头脑中的药物清单　30
抓住新药上市的关键时机　31
医生的抵触　32
重树医生对药物的信心　33
相信自己的产品　34

第 4 章　影响处方习惯的因素　38

各种影响因素　39
影响医生处方的 3 个最重要的因素　40
医生个人的临床经验及其误区　42
值得信任的同事的意见　44

第 2 部分　医药销售艺术

第 5 章　医药代表是一个职业　52

第 6 章　医药代表的拜访频率　56

第 7 章　拜访的基本要素　63

怎么做新产品拜访：HITEC 模式　65
怎么做老产品拜访　69

第 8 章 拜访时，讲解产品信息的 10 个障碍 74

医生太忍了 74
医生心里满了 78
有关产品的负面传闻 80
可恶的守门人 83
谢绝医药代表拜访 84
医生脑袋里满了 86
医生对药物有错误认知 86
不可预知的副作用 88
有关药物费用的争执 88

第 9 章 关系销售 96

第 10 章 医生处方的"舒适区" 104

第 11 章 拜访的最后一步：销售缔结 111

第 12 章 真正改变处方习惯的秘诀 116

一切从关系开始 117
改变，始于医生自己想改变 118

第 13 章 医药代表的 11 种错误 124

错误 1：把自己放在病患之前 125
错误 2：不尊重忙碌的医生 126
错误 3：谈论其他医生的处方量 127
错误 4：只谈生意 128
错误 5：拜访时，常说竞争产品的坏话 129
错误 6：急着套近乎 130

错误7：回避药物的不良反应和缺点	132
错误8：医药代表没影了	133
错误9：缺乏后续支持	134
错误10：拙劣的拜访	135
错误11：拜访起来没完没了	137

第3部分　医药代表的价值导向

第14章　职业心态	144
第15章　每次拜访，能为临床工作带来什么	150
第16章　医药代表如何成为受欢迎的人	154
第17章　成功组织学术推广会指南	160
附录A　基本概念词汇表	174
附录B　受管制神经/精神药物分类	180
附录C　调查报告：医生如何看待医药代表	182

第1部分
了解医生客户

医生和护士选择了一个从事"仁"的职业,花费其一生来帮助别人。但,谁帮助他们呢?在完成他们的任务时,谁是他们可以依赖的人呢?

制药工业及医药代表在过去的一个世纪里,一直站在他们的身边。想象一下,如果没有制药工业及医药代表,医护人员将会如何帮助病患?

基蒂·斯塔福德

第 1 章

医学训练——
医生是如何"出炉"的

> **批注**
>
> 美国的医学教育和中国不一样。美国的医学生需要 8 年的教育。每年毕业 2.5 万名医生。中国的医学教育则显示了中国特色,从 3 年的专科生到 8 年的博士生都有。根据《2014 中国教育统计年鉴》,2014 年普通高等学校高职高专医药卫生大类专业招生人数为 36.5 万人,毕业人数为 31.8 万人,在校生规模为 109 万人。成人专科医药卫生大类专业招生人数为 24 万人,毕业人数为 18 万人,在校生规模为 64 万人;网络专科招生人数为 6 万人,毕业人数为 4.3 万人,在校生规模为 17.7 万人。

了解医生的成长历程是重要的第一步。通过了解医生接受的职业训练内容,将帮助医药代表理解医学决策的过程,以及医生在治疗病患的过程中如何选择正确的药物。

在医学院的最初两年里,要学习解剖学、神经解剖学、生理学、生物化学、基因遗传学、组织胚胎学、药理学、免疫学、微生物学和行为科学等课程。还有一些课程是培养临床思维的;同时医学院会安排医学生们参加一些病患治疗的临床见习。

培养医生的思维方式是医学教育当中最重要的课程之一。医生的思维方式可以概括为"如果人生病了,需要考虑所有的致病因素"。典型的课程是这样安排的:给医学生留课后作业。先由学生自己阅

(接左侧)

通过上述数据,几乎可以较为清晰地看到中国医疗卫生人才高等教育的基本情况,专科以上在校总人数超过 400 万人,每年总共有超过 100 万医疗卫生专业的毕业生走向社会。

读有关临床病例的资料，然后分组讨论。临床病例可能很简单，如发热或者咳嗽；也可能稍微复杂一些，如脑部外伤后出现的眩晕。若临床病例给出的具体病情信息越来越多，医学生就需要思考该做哪些检查，以及初步的诊断是什么。通常由一位经验丰富的主诊医生担任讨论小组的组长。他的职责是引导医学生如何学习探索和评估病患情况的思考过程，从而使医学生能够培养出来临床思维方式——认真了解病患的症状，了解其完整的病史信息，然后考虑所有可能致病的原因。例如，头痛可能仅是因为精神紧张，也可能是由脑部肿瘤引起。医学生必须学会问正确的问题，然后在诊断检查过程中想到每一种可能的病因并逐一排除。

在头两年里，医学生的退学率为10%～20%，也就是说10人中有1～2人不能完成所必需的学分。医学生的学习非常紧张，还要背大量的内容，而且有些课程简直会把人逼疯。我的一位朋友乔治则是个例外。在大学里，不知你们是否也遇到过这种情况：由于两个人的名字在学籍簿上排在一起，因此在分派作业和做实验时，他们会经常在一起并成为好朋友。在一次安排在夏季的解剖学考试之后，我才知道，乔治简直神了。临考试前，他还和女朋友到坎昆（Cancun）度周末，而考试成绩总能排在全班前5名。我也想效仿这位"神人"的学习方式，经过一次考试，我才发觉如果他学习只需1小时，我就需要10小时。

在医学院的前两年中，医学生在教室里打瞌睡、解剖尸体、观看令人发怵的病理幻灯片，在经历了各种"学生趣事"后，将参加国家医学第一阶段考试（Part Ⅰ of the National Medical Boards）。

> **批注**
> 《哈里森内科学》（第19版，3985页）、《希氏内科学》（第25版，4175页）、《感染病学原则与实践》（第8版，4909页）。

第1章 医学训练——医生是如何"出炉"的

即使医学生们在图书馆泡了很长时间（也没准儿在墨西哥的海滩上），想轻松通过这个考试是不可能的。考题由各个基础学科专业的权威专家来出，有些题目涉及的知识和实验方法是最新科研进展，老师没讲，书上也没有，试卷上第一次遇见，还要你给出判断和评价。医学生必须通过这个考试，才能进入第3学年。有些学校仁慈一些，会在第3学年再给不及格的学生一次机会。

医学生在第3学年开始进入医院，进行临床轮转实习，到各个病房和科室接触病患。每名医学生都要轮转普通内科、心内科、妇产科、儿科、外科和精神科。在有些科室轮转时，因为住院医生不够，医学生在上级医师监督下，需要独立处理病患的治疗工作。每个科室轮转结束后，医学生都要参加考试（Mini-Board），包括书面考试和实际操作考试两部分。

我是从妇产科开始轮转实习的。在我们附属医院里妇产科非常忙碌，而且对实习生不友好是出了名的。妇产科有50多张病床，我在住院医生的指导下，接生了好几名婴儿（有两次居然是独立完成的，当时住院医生因有事没在产房）。我和其他11名同学被分为一组，其中有个哥们儿叫普里彻·萨姆（Preacher Sam）。他并不是传教士，但是非常虔诚，甚至在病房里实习时也按时祈祷。妇产科实习结束后，住院医生和主诊医生给我们写晋级评语，给萨姆的评语是"具有幽默感，有时候不合时宜。需要自我管理和监督，以免耽误这位出色的天才"。而给我的评语是"有临床意识，勤奋好学，但不要将个人的宗教行为带进病房工作"。看到这样的评语，萨姆彻底晕菜了。原来他们一直把我们两个弄反了！我则暗自窃喜，不仅因为

> ✎ 批注
> 英文 Preacher，意为传教士。

萨姆代我受过，也很感谢他们对"他"的评语，而且给"他"的考评分数整整比"我"的高了6分。

医学生的第3年是这样度过的：在妇产科和大内科，你会被无数的书本湮没，被诸多的病患累得直不起腰；在儿科，你得将小家伙们带进病房里的那些蚂蚁、屎壳郎、天牛……一一逮住；在外科，你需要有充沛的体力，几小时、十几小时站在手术台旁拉钩，还得听着外科医生不时冲你吼叫（手术中，站在手术台旁，偶尔和手术室护士小姐调侃几句，算是休息了）；在精神科，你开始意识到，你将成为一名精神科医生，或者你永远不想当精神科医生，但你永远都会记住那些精神病病患（不信你可以和你的医生聊聊，问问他是否还记得他在当医学生时遇到的精神病病患）。

在医学生的最后一年中，医学生将被安排到门诊实习并参与一些临床科研项目。我选择参与一项精神科的临床研究。在那里，我遇见一名主诊医生，他的研究任务是通过他的研究结果，能帮助他从不曾见过的千百名病患，而不是每次仅帮助一名病患。

医学生结束了4年的折磨，将要面临抉择了。首先，需要自己选择到哪儿当住院医生，接受面试，还要准备参加国家医学第二阶段考试。这部分考试主要考察医学生临床轮转实习的内容，比第一阶段的考试稍微容易一些，但靠投机取巧是无法蒙混过关的。当时，我得分最高的是精神科，最差的是妇产科。参加了整整一天的考试后，乔治和我一起走在回公寓的路上，我俩一直核对着考题和答案。我现在还记得，在核对妇产科考题时，每当我说出我的一个答案，

✎ 批注

20世纪90年代，在骨科实习时，医学生之间经常会分享一些段子，例如，骨科实习就是要紧抱大腿，持续拉钩，间断挨骂。

他几乎总是说:"这样,婴儿死翘翘了。""这样的话,产妇死翘翘,婴儿进了 ICU 病房。""你要是真的这样做了,那个在产房门口的准爸爸会扔了手里举着的摄像机,冲进来杀了你……"因此,为了全美国怀孕妈妈们的健康和宝宝们的安全起见,我后来选择当精神科医生。

住院医生的磨砺历程

选择在哪家医院当住院医生,需要一个匹配过程。医学生给自己中意的医院寄去自己的简历。如果医院对某人感兴趣,会安排面试。然后,医学生给医院打分排序,医院也给发来简历的医学生打分排序。最幸运的是,医学生排名第一的医院,也能将他排在第一名。如果医学生没有找到合适的医院,可以求助于计算机自动排序系统。

面试对住院医生和打算聘请医学生的医院同样重要。因为医院要为一名新手负责。在我还是第 3 年医学实习生时,曾经有一名住院医生来我们医院申请职位。他本来已经在西海岸的一家医院当住院医生 1 年了,他来应聘的理由是想换换环境,尤其是东南部的风景让他很着迷。他的个人背景资料很出色,成绩也很优异。让我们不明白的是,他为什么要横跨整个美国来我们医院重新当住院医生,仅仅因为风景?最后,医院打听到一些他个人的问题,拒绝了他的申请。这位老兄已经在西海岸以外的其他地区结了 5 次婚!换换环境是第二位理由……

当住院医生的时间长短各不相同。有些需要3年，如儿科、普通内科、妇产科；有些需要长达5年，如外科。申请耳鼻喉科、皮肤科、放射科等专科的住院医生，竞争非常激烈。往往一个住院医生的职位，有十几个人申请。

第1年的住院医生被称为Internship。第1年结束后，住院医生要准备国家医学第三阶段考试。通过后，将原来发给实习住院医生的医学训练资格证书（the training medical license given to interns）换发为正式的医生执业证书。理论上，住院医生这时可以开业行医了。但是，几乎所有的住院医生都会继续完成全部的住院医生阶段，然后再参加一次专科医生的国家医学考试。在当住院医生的那些日子里，我们都过着"暗无天日"的生活，整天不是在病房，就是在急诊室。不过，这样能挣到不少的加班费。

国家医学考试是专科医生资格的金标准。例如，你打算当精神科医生，就必须通过美国精神/神经科医师的考试。神经科和精神科有很多相通之处，所以对神经科和精神科医生的训练也存在很多一致的地方。实际上，精神科的开山鼻祖弗洛伊德就是神经科出身。当时，我参加精神科专科考试的笔试部分中有1/3是神经科的内容。过了笔试后，才有资格参加口试。在3名主考官面前，治疗一名真实的病患。这3名考官尽情享受着一顿漫长的"烧烤大餐"。他们既不给你任何有关问题的回馈，也不告诉你答案对错。数周后，一封信将告诉你"烧烤大餐"的味道如何。

作为专科医生，在做完住院医生后，才刚刚完成了该专科疾病治疗的基础训练，还要在某亚学科领域当专科住院医生继续学习，如神经外科医生、肿瘤内科医生。当专科住院医生的时间各有长短。下面是一些住院医生的基础年限：

> 全科医生（Family Medicine）——3年。

> 普通内科医生（Internal Medicine）——3年。

> 普通外科医生（General Surgery）——5年。

> 妇产科医生（Obstetrics and Gynecology）——4年。

> 精神科医生（Psychiatry）——4年。

> 儿科医生（Pediatrics）——3年。

现代医学模式

整个医学模式是个金字塔系统：在金字塔的顶端是主诊医生，对病患的治疗最终负责；以下是住院医生，每天从事的是事务性工作，如评价和治疗病患，并向主诊医生汇报；在医院里，医学实习生的主要任务是学习，并帮助住院医生从事病患治疗的各种辅助工作。每天，住院医生和医学实习生都是病房晨会的焦点，经常被骂得体无完肤（在美国，医学实习生在医院里有个"短尾猴"的绰号）。传统医学体系可能会不近人情，但这是为了医学实习生最终成为医生所必须承担的责任。很快，医学实习生就"上市"了，周围将不再有其他医生、医学生提供帮助了。我还清楚地记得，我在一家私

✎ 批注

专科医生的知识和技术是在一定的范围内朝纵深方向发展的，他们要解决的问题越来越难，而问题的范围越来越窄，往往会忽视病患与环境、病患与疾病、躯体与精神及各器官系统之间的有机联系，过分孤立地看待问题，完全以疾病为中心。这种以生物医学模式为基础、提供专科化服务为定向的专科医生可以称为"深度上的专科医生"或"纵向的专科医生"。全科医生的知识和技术是在一定的深度上朝横向发展的。一定的深度是指解决社区常见健康问题所需要的知识和技术。全科医生也是专科医生，他们以综合性地解决社区常见健康问题为自己的专科特长，他们要解决的问题不是越来越难，而是问题的范围越来越广，并能越来越全面地满足病患的需要。他们把病患看成一个不可分割的有机整体，并用联系、协调、整体的眼光来看问题，完全以病患或人为中心。这种以生物心理社会医学模式为基础、提供整体性服务为定向的专科医生可以称为"广度上的专科医生"或"横向的专科医生"。

在当前新医改的大势下，众多医药企业开始探索新兴的城市社区卫生市场和"农村基层医疗"市场。这两个市场与传统的医院市场环境迥异，需要新的营销模式和新的创新思维。

（接左侧）

全科医学是一个专科的名称。全科医生并不是指这名医生是全才。随着新医改的进展，以及社区卫生服务机构的建立，全科医生正在成为新兴的市场主导力量。

如何开展针对全科医生的产品推广？这需要医药企业的同人进行全新的思考，不能照搬大中型医院的推广模式。

立医院独立担任主诊医生的第一周，治疗小组讨论完一个很复杂的病例后，每个人都大眼瞪小眼地等着我发话，以获知"自己接下来该干什么"。现在，我没有任何人可以依靠了。不过，让我感到窃喜的是，他们都听我的！我让他们做的任何事，他们也没法挑战、质疑我了。

关于医学模式谈了不少，但还没谈到护理工作，这也许是最关键的。若没有护士、护师们的帮助，主诊医生和住院医生写在病历上的医嘱，将永远无人问津。你们一定不要忽略这些人，他们常常得不到关注和感谢，经常劳累过度，挣钱也不多。他们是医生第一线的得力助手，如果你们能给予他们支持和教育，我们医生也会同样受益。

关注未来的医生

有一次，我当实习生在妇产科轮转值班时，经过一个漫长的夜晚，我非常疲惫，又累又饿，简直快崩溃了。离开值班室后，我急忙赶往住院部大厅，听说那里有免费早餐。那天，我遇到了一名医药代表。他是在过去 24 小时里第一个对我表示尊重的人，请我吃饭，还给我上了一堂关于一种新型抗生素使用方法的课。他要求什么回报？仅仅是我坐在那儿待几分钟的时间。从那天起，我记住了他的药、资料和他的友善。

在整个实习生轮转时期，我很享受这种服务。当住院医生后，我越发感到精神科领域的临床用药发展太快了。虽然一些科室、病

批注

麦当劳和肯德基在快餐业市场的做法很有借鉴意义。虽然店里设置的儿童游戏区并不能产生当时的销售，还占据了不小的店面，但培养下一代客户更重要。

医药企业和医药代表要培养医学生和住院医生的处方习惯，需要有多年的发展计划，今天栽树，后年乘凉。深刻思考一下，某些药企为什么会资助开展青年医师出国进修项目？

第1章 医学训练——医生是如何"出炉"的

批注

我国的医生群体不同于本书之处在于,医生金字塔之外还有几个副塔,其作用不亚于这个主塔,分别是:

(1)门诊的部分医生。他们往往是即将退休或被医院返聘回来的医生,在病患中非常有影响力,处方量非常大,但接受新学术的能力又相对较弱,因此把他们归于一个单独特殊的医生群体。因为在我国,这部分医生的影响方式能够折射出医药企业的营销文化和医药代表的特性。

(2)药剂科的药剂师。2018年6月国家卫生健康委员会、国家中医药管理局、中央军委后勤保障部三部门联合制定了《医疗机构处方审核规范》(以下简称《规范》)。《规范》共包括7章23条,对处方审核的基本要求、审核依据和流程、审核内容、审核质量管理、培训等作出规定。《规范》提出,药剂师是处方审核工作的第一责任人。药剂师应当对处方的各项内容进行逐一审核。《规范》的出台,一方面提高处方审核的质量和效率,促进临床合理用药;另一方面体现药剂师专业技术价值,转变药学服务模式,为病患提供更加优质、人性化的药学技术服务。能否正确影响药剂师的决定,对于医药代表至关重要。

区里挂着"医药代表免进"的牌子,但医药代表们会创造机会在午餐会,以及其他不在医院的地点给实习医生和住院医生开会、上课。住院医生们乐于接受医药代表们的教育服务,即使他们的上司不高兴见到医药代表。

我在当住院医生时养成的一些处方习惯,到今天也没有改变,尤其在不是我自己专业领域的用药习惯。希望医药代表们能特别关心你的住院医生、医学实习生和护士们,这会使你得到长久的回报。

拜访要点

○ 医生是一步一步爬到金字塔顶端的。

○ 传统医学模式造就了由医生坐在金字塔顶端发号施令。

○ 医学院和住院医生培训体系在最近几年有了不小的进步,但医学训练的知识系统及其繁杂性一如既往。

○ 医学实习生和住院医生,是医药代表们最应当下功夫研究和接触的客户,影响他们的处方习惯将影响他们此后整个职业生涯。

○ 护士、护师是医生第一线的合作伙伴,教育他们同样重要。

(接左侧)

(3)医院决策人员和医疗保险、物价的相关人员。药物销售的最大特点就是在很大程度上要受各方面的政策制约,全世界大部分国家都是如此。

我国正在实施全民基本医保覆盖的战略工程,必然要求上述人员在控制医保费用方面起到更积极的作用,药物经济学评价的重要地位日益凸显。2009年4月《中共中央国务院关于深化医药卫生体制改革的意见》指出,"建立科学合理的医

第 1 章 医学训练—— 医生是如何"出炉"的

佩里医生,我敢肯定,你正琢磨"蝙蝠药片"对病患有什么好处?

（接第10页下边批注）药价格形成机制"及"对新药和专利药物逐步实行定价前药物经济性评价制度"。2009年8月《国家基本药物目录管理办法（暂行）》指出，"咨询专家组根据循证医学、药物经济学对纳入遴选范围的药物进行技术评价"。2009年8月《2009年国家基本医疗保险、工伤保险和生育保险药物目录调整工作方案》指出，在药物的调入和调出时，需要考虑按照药物经济学原则进行疗效价格比较研究。2016年《中共中央国务院关于深化医药卫生体制改革的意见》《国家基本药物目录管理办法》和2015年《推进药物价格改革意见》等都提及要参考药物经济学评价结果进行决策的要求。2017年新版医保目录修订遴选原则由原来的"安全性、有效性、经济性"改为"安全性、经济性、有效性"，将"经济性"排在"有效性"之前。

实操指南

医药产品是特殊商品，具有产品和服务双重属性，医药企业的专业化推广就是帮助医生科学地、规范地使用产品，从而有效治疗病患。在协助医生快速"出炉"方面，医药企业可以有如下作为：

> 临床研究。为医生更精准和科学地掌握药物临床价值提供证据和试用样品。

> 学术会议。针对相关疾病领域的最新临床研究进展、治疗指南和共识进行交流。

> 医药代表学术拜访。为医生提供最新和权威的学术资讯；与医生交流对病患治疗有效的经验；解决产品在使用过程中出现的问题；与医生建立专业互动关系。

第2章

临床医学决策和药物选择决策

今天,像往常一样,我看了20名病患,平均给每名病患下了3个不同的医嘱(有些是增加药物,有些是停药,有些是调整药物用量)。在下医嘱时,我是怎么选择的呢?为什么给这名精神病病患用喹硫平(Quetiapine),而给那名病患用利培酮(Risperidone)呢?

你要知道,临床医学决策的基本原则是医药代表推广药物工作的核心内容。如果你打算影响医生的处方习惯,就要了解医生是如何决定用哪些药的。当今,医药公司提供给临床的药物太多了,选择一种药物的范围甚至可以达60种之多。

此外,我还要负责管理两个护士站,还要处理许多病患的会诊和其他同事的咨询。

译者注

喹硫平,商品名"思瑞康",适用于治疗精神分裂症。喹硫平是一种新型非典型抗精神病药物,为多种神经递质的受体拮抗剂。

利培酮,商品名"维思通"。它适用于治疗急性、慢性精神分裂症及其他各种精神病性状态的明显的阳性症状和明显的阴性症状,也可减轻与精神分裂症有关的情感症状。对于急性期治疗有效的病患,在维持期治疗中,它可继续发挥其临床疗效。

疾病的鉴别诊断过程

> **批注**
>
> 新型诊断技术能够缩短病患的诊断周期，从而使病患的疾病能够得到早期干预。早期干预既能使病患获益，也能使某些早期干预的药物有用武之地。以阿尔茨海默病（老年痴呆，简称AD）为例，早在2009年发起的阿尔茨海默病诊治现状调查就显示，中国AD病患从出现症状到首次确诊的平均时间在1年以上，67%的病患在确诊时已为中重度，已错过最佳干预阶段。这种情况至今并无根本性好转。目前，由GE医疗、美国礼来制药和拜耳公司研发的三种Aβ蛋白示踪剂已于2012年、2013年和2014年分别获美国FDA批准用于临床诊断，目前已于美国、日本和欧洲上市。中美之间的区别在于，示踪剂产品在美国、日本和欧洲市场已经商业化了。而在中国，该产品目前还在等待监管机构的批准。尽管AD早期诊断和干预成为医学界的共识，但能够用于早期诊断的生物标记物检测手段在中国仍不可及。不过，要解决AD病患早期干预问题，需要着重考虑现有诊断方式大规模推广的可行性。

医生用药的决定始于正确的诊断。医生需要评估病患的各种症状，考虑所有可能的致病因素，这一过程被称为鉴别诊断。

医生在接受培训时，会被要求不能漏掉任何细小的事情。如第1章所述的例子，一名患有焦虑症的病患可能患头痛病，但头痛也可能是由肿瘤引起的。肺炎可以导致胸痛，而肌肉痉挛、冠心病发作时同样有胸痛的症状。医生针对病患在就医时描述的主要症状并结合其他症状，需要考虑各种各样的可能性，逐渐在头脑中聚焦到少数几种可能的病因，然后通过询问、实验室检查、物理检查、CT扫描等各种鉴别手段来最终确定疾病的诊断成因。

在住院病患当中有名病患叫迈克，26岁，因为出现严重的幻觉而住院。这些幻觉非同寻常，在他的眼中，其他人甚至他的妻子都变成了面目狰狞的怪兽。在他办理住院手续时，我看见过他的妻子。她，是个非常可爱的女人，不过她不愿意透露任何有关迈克疾病的情况。迈克以前曾因精神疾病住过院，按照他自己的说法是因为精神紧张。所以，我们给前一家医院发去一份传真，调取他的既往病历。那家医院对他的前次入院诊断是精神病（Psychosis, N.O.S.），意为非特异性（Not Otherwise Specified）精神病：对于他的精神病症状，那家医院的医生无法确定其病因。有时，患有躁郁症的病患会出现幻觉，患精神分裂症的病患当然也会。迈克还可能有癫痫病，或者其脑内有肿瘤。这两种情况，都可能导致出现幻觉。所以，对于这名26岁的精神病病患，医生需要鉴别诊断躁郁症、精神分裂症、药物引起的问题、脑部损伤或癫痫和肿瘤，以明确到底是哪种病症因导致迈克出现幻觉。

很快，他的既往病历传回来了。对他的实验检查和物理检查结果也出来了。趁迈克不在时，我给他的妻子打了个电话以了解他的日常情况。然后，我做出初步诊断。根据检查结果，他的神经系统是正常的，也没有肿瘤和其他脑部外伤的迹象。他的既往病历显示，住院原因不是简单的精神紧张，而是因为服用大量的可卡因而导致的应激状态（他昨天花了500美元去买可卡因）。他的妻子告诉我，迈克还对安眠药和麻醉镇痛药成瘾。当他服用了过量的成瘾药物后就会出现幻觉。他根本不需要使用治疗精神病的药物，而是需要脱毒治疗（Detoxification）。这时，迈克的临床体征也发生了变化，脉搏加快、胃痉挛、出汗、情绪激动。现在，他的病因终于水落石出了。

> **批注**
> 这个例子证明，医学从生物医学向社会医学的转化。疾病不仅仅是病患自己的事，更是他周围环境的综合体现。例如，在急诊室遇到一位18岁的少女，急性下腹痛。医生会怎么思考？

在这个例子中，医生做出诊断是次要的，做出正确诊断的过程才是重要的。医生需要考虑多方面的可能因素，然后进行查询、检查和试验。所有这一切都归拢病因，指向最可能的诊断。当我在给迈克进行脱毒治疗时，他的药物筛查报告也出来了：巴比妥阳性、可卡因阳性、大麻阳性、鸦片阳性。也就是说，他把家里的存货一扫而光！你也许奇怪，为什么迈克和他妻子一开始不说实话。这对于医生来说，正是极具挑战性的临床情况。有时，无论是有意还是无意，病患及其家属都不告诉医生所有事情。

衡量临床用药的风险与益处

医生在临床诊疗中的每件事都可能给病患带来风险,尽管可能性很小。医生考虑使用的所有药物和治疗手段,都出于对病患有帮助的初衷。如果益处大于风险,医生就继续下去;反之,医生就需要寻求其他解决方法。这种临床分析过程听起来很抽象,让我举几个真实的病例来解释一下。

> 简,22岁,很不情愿地被家人带到我的诊室。对她进行的药物筛查显示,可卡因和美沙酮(Methadone)呈阳性。她还有幻听,总感觉耳边有个声音在对她说"切开手腕,杀死自己"。她说这是撒旦在对她说话,撒旦还时不时地给她指令去杀别的病患。这是星期一的早晨,天气很清爽,对于我们来讲,除了她的病情没什么特殊的,该怎么治疗就怎么治。

昨天,她的妊娠试验结果出来了,阳性!

> 海伦已经31岁了,她到我的诊室就诊,因为她最近明显感到自己有失眠、心情低落等典型的抑郁症状。此外,她还希望得到化疗药物的一些建议。半年前她得了乳腺癌,择期手术之后,医生建议她进行化疗。

> 海伦也怀孕了。

对于简这名病患,她的情况很清楚,如果不进行治疗的话,她的精神病症状正威胁着她的生命,也威胁着其他病患的生命,以及

批注

国家药物监督管理局下发了《关于停止生产销售使用特酚伪麻片和特洛伪麻胶囊的公告》(2018年第92号)。公告表示,根据《中华人民共和国药物管理法》第四十二条和《中华人民共和国药物管理法实施条例》第四十条规定,经国家药物监督管理局组织再评价,认为特酚伪麻片和特洛伪麻胶囊存在心脏毒性不良反应,使用风险大于益处,决定自即日起停止特酚伪麻片和特洛伪麻胶囊在我国的生产、销售和使用,撤销相关药物批准证明文件。

她的孩子的生命。我给她建议的抗精神病药物是一个 C 类药物（见附录 B），而且其临床益处明显大于风险。她的孕期已经 3 个月了，胎儿的主要器官已经成形。如果对胎儿有什么伤害的话，主要来自她服用的那些非法毒品。这时候，担心抗精神病药物对胎儿的影响是无谓的。临床益处明显大于风险。服用抗精神病药物后，简也确实逐渐好转起来。我们建议她在孕期要进行高危监测，直到分娩为止。幸运的是，那个小家伙在妈妈的肚子里经过非法、合法药物的浸泡，活了下来，而且非常健康。

我告诉海伦，乳腺癌经过化疗，她的 5 年生存概率将从 88%升到 92%，但化疗对于她的孩子风险极大。实际上，化疗很可能导致自然流产。B 超检查显示，胎儿发育良好，胎心有力，其他器官系统也都很好。所以海伦肯定会问，为什么她得冒着胎儿生命的风险而仅仅提高她自己 4%的生存概率？对于海伦，化疗的临床风险远远大于那 4%的潜在益处。

在临床工作中，医生们会首先考虑保护病患，使用风险最小的治疗方法作为"首选"。而较大风险的治疗方法或非理想的方法，只有在首选方法没有效果的情况下，医生才会将其列入考虑范围。这就是为什么医生如此看重有关产品的安全性资料和不良反应资料。因此，医药代表在介绍产品时，千万不要草草略过药物安全性的部分、有关孕妇和儿童的部分，以及常见的副作用和不良反应等部分。这些部分，对于医生为每名病患选择正确的药物是极其重要的。

> **批注**
> 孕妇用药安全等级：
> （1）A 级药物。对孕妇安全，对胚胎、胎儿无害，如适量维生素 A、维生素 C、维生素 D、维生素 E 等。
> （2）B 级药物。对孕妇比较安全，对胎儿基本无危害，如青霉素、红霉素、地高辛、胰岛素等。
> （3）C 级药物。仅在动物实验研究时证明对胎儿致畸或可杀死胚胎，未在人类研究中证实，孕妇用药需要权衡利弊，确认利大于弊时方能应用，如庆大霉素、异丙嗪、异烟肼等。
> （4）D 级药物。对胎儿的危害有确切证据，除非孕妇用药后有绝对效果，否则不考虑应用，如硫酸链霉素（使胎儿第 8 对脑神经受损、听力减退等）、盐酸四环素（使胎儿发生腭裂、无脑儿等）要在万不得已时才使用。
> （5）X 级药物。可使胎儿异常，在妊娠期间禁止使用，如甲氨蝶呤（可致胎儿唇裂、腭裂、无脑儿、脑积水、脑膜膨出等）、乙烯雌酚（可致阴道腺病、阴道透明细胞癌）等。

（接右侧）
（6）妊娠前 3 个月，以不用 C、D、X 级药物为好。出现紧急情况必须用药时，也应尽量选用确经临床多年验证无致畸作用的 A、B 级药物。

不断自我矫正的诊断过程

> 批注
>
> 请注意，作者在前文中提到了"首选"二字。
>
> 在临床推广工作中，为什么疾病诊疗指南如此重要？原因是，要以大量的临床实践为依据，给出首选的治疗方法和首选的一线药物。一般来说，一线药物的使用数量最大。想想你推广的药物是几线治疗药物？

许多时候，医生在采取临床医疗措施时，都会尽最大可能以保证病患的安全，而且会在治疗过程中不断调整和矫正这些措施。医生会采用各种方式评估病患的病情，然后利用所得到的信息对病患做出最可能的初步诊断。下一步将是验证该初步诊断。这包括诊断检测（EEG、CT、MRI等），还包括诊断性治疗。

> 批注
>
> 医生会根据疾病的治疗需求来选择药物，这是医生的疾病治疗思维模式。而很多医药代表是药物思维，常常一上来就介绍自己产品的药物代谢动力学等物理属性，并没有从医生对于疾病的治疗需求方面入手推介产品。

> 最近，在我的病区里住进一位女病患，54岁，因为带狗去单位上班而被送进医院（那天不是宠物节）。她说，她非常担心她的狗单独在家不安全，也非常担心自己单独上班不安全。在住院之初的几周，她的情绪很激动而且偏执，不能入睡而且出现了抑郁症状。在对她进行进一步的检查后，又发现她有部分记忆障碍。她的体征检查是正常的，化验检查也没有问题。我对她的初步诊断是，"重度抑郁伴发精神病症状"。在住院期间，她接受了抗抑郁药物和抗精神病药物治疗，也确实有所好转。
>
> 但出院回家一个月后，她开始变得偏执、思维混乱，也不能正常上班工作了。我让她去做了脑部核磁共振成像（MRI）检查，又增加了多项化验的检查项目，以便筛查她是否还有自身免疫性疾病的问题，但结果显示她很正常。不过，在对她进行仔细的、长时间的神经功能项目检查后，发现她的记忆功能明显受损，其严重程度明显超过了仅仅因为抑郁可能导致的程度。尽管她还不太老，我认为她的病应该是老年性痴呆，极有

可能是阿尔茨海默病。她仍然有抑郁症状，但是对她进行治疗的药物不仅包括抗抑郁药物和抗精神病药物，现在又加上了盐酸美金刚胺（Namenda）以治疗老年性痴呆。

所以，考虑病患的整体情况，反复检查、不断验证诊断的过程，会引导医生对病患做出最终正确的疾病诊断。

如果临床医生没法明确诊断，或者黔驴技穷了，怎么办？可以咨询医学专家的意见。

批注

Namenda是美国Forest公司生产的盐酸美金刚胺的商品名，用于治疗中度至重度阿尔茨海默病症。

拜访要点

- 当医生对病患进行初诊时，会考虑一长串可能的疾病种类，即鉴别诊断。

- 医生做出对病患病情最可能的诊断，进行进一步验证，然后才开始治疗。

- 所有的治疗手段（治疗药物、手术、其他治疗手段）都可能具有一定程度的风险，但也都有各自的临床益处。

- 最理想的是，能为病患带来最大的益处，同时零风险。

- 在现实中，各种不同治疗方案之间的风险与益处之比差异很大。不过作为一个原则，在初始治疗时，医生们情愿首先考虑采用风险最低的方案。

- 医生们在学习和训练时，被告知必须针对病患出现的每个症状考虑所有的可能病因，而且必须不断验证自己的初步诊断，这一过程为自我矫正诊断。

- 如果医生没辙了，可以将顾问和某些专科领域的医学专家作为后盾。没有疾病是不能诊断的。

第 2 章 临床医学决策和药物选择决策

医生想看看他的保险单……

实操指南

医生进行临床医学决策的过程和方法是医药代表在推广产品时应熟知的医生思考模式。治疗益处大于风险是医学决策的重要出发点。

要使医生意识到，你的医药产品在治疗益处上（更）大，这才是医药营销科学和艺术的完美体现。医药代表要做好以下几件事。

> 充分、准确地概述医药产品有效的治疗作用，让医生体会到这种治疗作用在实际临床工作中对病患具有独特的治疗意义。

> 客观介绍产品的独特治疗作用机制，以及产品具有独特治疗作用的循证医学证据。

> 组织医生就典型病例的成功治疗进行经验交流，会使医生从中感受到成功治疗病患的成就感，养成处方习惯。

要使医生清晰地识别，你的医药产品在治疗风险上（更）小，这同时也是医药企业严谨和负责的完美体现。对此，医药代表要做好以下几件事情。

> 积极、主动地向医生介绍药物有哪些不良反应，客观地告知医生这些不良反应的发生概率和严重程度。最重要

的是，要向医生介绍有效预防和应对不良反应的方案。让医生掌握处理不良反应的方法也是医药代表重要的日常工作。

▶ 如果过度关注药物的不良反应，那就只有极少的药物可以使用了，因为几乎所有药物都有显性或隐性的不良反应，甚至有些药物的不良反应与治疗价值同样巨大。医生掌握不良反应的处理方法是医生专业能力的象征，医药代表应帮助医生权衡治疗益处和风险，并处方所推广的医药产品。

第3章

医生处方行为分析

上周,我给一名年轻的女病患开了住院单,因为她正在服用的药物不能很好地控制她的抑郁症状,所以她不得不住院治疗。她已经向公司请假歇了两周。她每天经常无缘由地哭泣,甚至有时想自杀,同时她还有焦虑的症状。她的主诊医生在一周前给她开了抗抑郁药物,认为这种药物既能控制抑郁又能控制她的焦虑症状。

我和这名病患一起讨论了另一种药物,将她现在所用的抗抑郁药物改换成另一种。我认为,这种药物能够快速起效,进而控制她的症状。抗抑郁药物有 20 多种可供选择。我们(我和她的主诊医生)在这长长的名单中各自选了一种。这些抗抑郁药物都是临床有效的。她的主诊医生根据她的抑郁症的临床诊断类型,而选择了其中的一种。而我并不单单考虑病患的临床诊断类型,还考虑了从病患的临床需要出发，从而我选择了另一种。

这是两种常见的药物选择思维方式。虽然各种药物在临床治疗中都看起来是有效的，但不同的思维方式导致了不同的选择结果。同时，这个病例揭示了一个极其重要的原则，即当今医学的发展使我们生活在一个"病患优先于疾病"的时代。

如果你们愿意，我们可以探讨任何一类药物，这些药物的临床疗效大致相似，而医生们会由于不同的思维方式，做出不同的处方选择。医药代表的任务是，参与到医生的讨论中，向医生们解释为什么应当使用你的产品，而不是同一类中的其他产品！

处方的首要原则

在治疗上述这名患有抑郁症的病患时，我使用首要原则（在其他病例中也经常如此）做出了我的处方选择。如果我相信某种抗抑郁药物缓解抑郁症状的速度比其他药物来得快，那么我认为这种药物就是发病初期的最佳选择，或者当病患的抑郁症状不能用其他药物得到控制时，这种药物也是替代药物的首选。因为我是在医院工作的医生，这对我尤其重要。事实上，许多抑郁病患都因为有自杀倾向而住院治疗，快速控制他们的症状对他们、对我都非常重要。

这种首要原则的思维方式，对于任何一种疾病治疗领域都同样适用。我认识一名内科医生，他给他的 70% 的高血压病患都开同一种药物，因为他认为这种药物能够比其他抗高血压药物更好地保护肾脏。现在，你应该清楚了，在临床治疗中，药物疗效的某方面（如

批注

临床思维是指，在提供医疗服务的过程中，医务人员运用医学科学、自然科学、人文社会科学和行为科学知识，以病患为中心，关注病患症状、治疗结果的一种思维过程。药学思维则是指，在提供药学服务的过程中，药师注重药物的性质，特别是药理、药物动力学、药物相互作用、不良反应和药价等内容的一种思维过程。临床思维关注病患在治疗过程中的各种反应，偶尔关注药物效应动力学，以临床指标衡量药物治疗的效果。药学思维侧重于理论上的研究结果，关注药物代谢动力学，但缺乏与临床症状、指标的结合。很多企业的学术人员运用的是药学思维，注重讲解药理、药物代谢动力学等信息，不是以病患为中心的临床思维。

译者注

我国制药业存在一种现象，称为"产品知识培训后综合征"，即当医药代表系统地了解了自己负责的药物的特性、优势、功能和治疗疾病的益处及临床证据后，就认为自己公司的产品绝对是全世界最好的产品，并且迫不及待地想把这些东西强塞到医生的头脑里。在拜访医生时，医药代表若对医生固有的想法无法忍受，就立即进行长篇大论的反驳，不自觉地摆出了"我比你知道得多"，或者"你的理解是错误的，我要纠正过来"的行家姿态，进而与医生争辩或者苦口婆心地说服对方。殊不知，这样做的结果往往适得其反，让医生产生了巨大的反感，从而影响了双方的信任关系。这里，作者告诉我们如何从医生的角度出发去施加医药代表的影响，后面，作者还有关于此方面的精彩论述。

起效速度）十分重要，是我的首要原则。医药代表的任务是，针对每名医生，发现他在选择一类治疗药物时最关注的方面。然后，向他们展示你的产品的相关方面。你的产品很可能正好满足他们的首要原则。

我主要治疗住院病患。住院病患之所以需要住院是因为在不同程度上，疾病已经威胁他们的生命。所以，快速起效是我的主要关注点。在不同的场合，我的同事曾礼貌或不礼貌地质疑我的首要原则。总有一天，我将汇总有关临床数据，在美国精神病学会议上发表，证明"我是对的"。

但是，医药代表的关注点不应在首要原则的对错上。我和我的医生同事们可以讨论、争论，也可以整天写文章相互讨论、争辩不同的抗抑郁药物的起效时间。而医药代表的任务是，分析自己的产品能给医生的病患带来哪些益处。

无论医药代表采取什么方式，都不要轻易陷进我和我的同事关于首要原则的争论当中！医药代表需要了解、探索这些争论，询问这种理念的由来，利用这个机会作为拜访时和医生沟通的话题，但不要和医生争论。回到我刚刚讨论的那名女病患，有不少抗抑郁药物产品的医药代表，试图和我争论"我的快速起效的信念（我的首要原则）是片面的"。而另一些医药代表则提供给我有关抗抑郁药物起效速度的文章和文献。后者更关注他们的产品可以在某些方面帮助我的病患。你猜猜看，谁会在我的办公室待的时间更长呢？

对同一种疾病进行病患分型

在上述病例中，那名女病患非常紧张，有发抖、不能吃东西、无法入睡的症状，随时可能精神崩溃。我的医生同事考虑到这名女病患既有抑郁症状还伴有焦虑症状，所以他选择一种同时控制抑郁和焦虑症状的药物。我不同意他。但是，我和我的医生同事谁对谁错，对医药代表来说完全不重要！在这里，医药代表的任务是判断自己的产品是否符合某类病患的需要，以及自己的产品如何帮助这类最适合的病患。

在很多类别的药物中，各个药物的临床效果是相同或相似的。药物营销的许多工作在于分析细分市场，分析某种疾病中的各种各样的病患亚型，从而发现该种药物最适合的病患亚型，以及如何能为这种亚型的病患带来益处。有些药物侧重疗效，有些药物在控制不良反应方面表现良好，等等。针对某些类型的病患，不同的药物能够带来各自的临床益处。

病患特征分型的说法，让医生听起来很舒服、很有道理，而且病患的确经常有一长串的症状。单一疾病本身的表现就有很多症状，是个症状族，而且许多病患还同时有其他疾病。医药代表所推广的产品，其主要诉求点（卖点）可以与某亚型病患相契合（如适用于并发高血压的糖尿病的病患，或者肾功能损害的脑中风的病患等）。

不过，这种销售方式的缺点是使产品的适用病患数量大大变少了。我的观点是，医药代表可以让医生先试着给病患处方，尤其是最典

> **批注**
>
> 随着药物的进步，迫使并催生了医药产品的市场细分发展。
>
> 正如不同的药物针对不同亚型病患的疗效存在差异那样，医药代表也需要对病患人群进行细分。这一点对中成药的市场推广和临床宣传尤为重要。例如，对于一个补气养血的中成药产品，首先需要将其适应症转化为西医医生理解的疾病名称，如贫血，然后再细分为肾性贫血、肿瘤性贫血、缺铁性贫血、溶血性贫血、围产期贫血等亚型。在推广过程中，你需要先找到一个立锥之地，如缺铁性贫血，然后，根据临床试验有效性的证据，不断地扩展产品的适用范围。不能逼迫西医医生对所有类型的贫血病患都使用自己的补气养血产品。

型的病患亚型，然后从最典型的病患亚型扩展到其他病患。

药物的正面和负面信息

作为一名销售 X 药物的医药代表，你对自己的产品有非常多的认识，可以很快地说出几条有关自己产品的优势特征。例如，X 药物很少与其他药物发生相互作用，或者 X 药物在同类产品中是唯一经 FDA 批准用于治疗登革热（Dengue Fever）的药物。这些被称为正面信息，而且通过医药代表的讲解，在医生的记忆中打上了烙印。随便问一名内科医生：哪种抗抑郁药物不会影响性生活？哪种非甾体抗炎药（NSAID）长期使用对肾脏是最安全的？哪种抗高血压药物不会影响正常血压？任何一名训练有素的内科医生，对这三个问题都会立刻回忆起相关信息，并且给出三种药物的名称。这些正面信息是强有力的武器，可以使你的药物给最需要的病患带来益处。这些药物的优势特征，不仅在你拜访时使医生感兴趣，而且在你走后，还会长久地留在医生的记忆中，并予以关注。在诊治病患时，医生都能回想起来。

但是，那些负面信息……

当你准备推广自己的产品，向医生阐述正面信息时，竞争对手已经在你之前替你描述着负面信息。例如，X 药物可以引起心电图 QTc 间期的改变，给病患带来心律失常的危险；X 药物可能导致病患体重增加，甚至导致病患出现白内障。负面信息同样是强有力的武器。而且，它们极其有效，即使这些竞争对手给你的负面信息完

译者注

医生的反对意见可能来自多个方面，有真正的反对，也有疑惑，还有来自竞争对手的宣传。面对医生的反对意见，首先要聆听，然后找到医生提出反对意见的原因，甚至是背后的原因。

批注

只有清晰地界定了病患亚型，才能确定竞争框架中的竞争产品。而国内的很多产品经理缺少界定竞争框架的逻辑思维方法。

全是不真实的。

在门诊，医生给一名特定病患看病、开处方时，记住，仅仅一个负面信息就可以使医生不考虑医药代表的药物。而且，医生在处方时都大大简化了自己的思维过程，下处方决定时已经把医药代表的药物排除在外。医生不可能和病患一起讨论5种药物的利弊，然后再选择其中一种。医生在头脑中仅仅记住大大精简后的药物清单。

例如，医生会这样思考：A药物可能使病患体重增加，B药物在药物相互作用方面最差，C药物有心脏方面的危险，D药物太贵，只有X药物能用了。思维过程就是这样非常快捷而且简单的。

负面信息以及关于你的药物的流言蜚语，就如同无聊的法律官司。你知道它们很荒谬而且浪费时间和精力，但你必须正视并且打败它们。

正视药物的负面信息

运用逻辑、劝导、说服，以及一切你需要和能得到的资源，如医学文献、专家意见。最后，一定不要忘记，打败负面信息的最有力的武器是："医生，我相信你个人的临床治疗经验。"

不要回避负面信息！如果你和医生已经讨论过关于你的产品的负面信息，医生可以在竞争对手试图"妖魔化"你的产品时，利用你教给医生的产品知识来为你辩护。曾经有个医药公司的医药代表在拜访时，对我这样说："……你最常使用的抗精神分裂症的药物X，

> 📖 **译者注**
> 在一种新产品上市的时候，同类品种已经占据市场主导地位，不要以为新产品只要有一点儿优势，销售就可以获得快速增长。任何产品都不会自动退出历史舞台，在遭受你的猛烈攻击的同时，已经占据市场（尤其是占据了医生大脑里的市场）的企业也会加大防守力度，从而大大增加你的推广难度。此时，最有效的推广方式不是直接攻击现有产品的不足，这样做会让医生反感。
>
> 医生经常告诉医药代表：你说清楚自己产品的特点就好了，没有必要说别人产品的不好。

没有临床效果的数据依据。"立刻，我对他说道："现在就有10名住院病患在使用药物X，而且一天天好起来！如果药物X不好，我认为我有更多的发言权……"

扩展医生头脑中的药物清单

一点儿都不奇怪，全科医生和专科医生有不同的处方行为方式。一般来说，绝大多数的全科医生倾向于在某一类药物中，选择处方中的2~3种。如果这2~3种效果都不好，他们会介绍病患去看专科医生。仅有30%的全科医生会在同类药物中扩大他们的药物选择范围，而没有显示出对某几种药物的处方偏好。正相反，有70%的专科医生，会扩大他们的处方范围；只有少数专科医生选择2~3种药物经常处方，形成自己的处方偏好。

如果你的药物已经是（某位医生客户的）首选药物了，巩固你的胜利果实！如果想做得更好，你需要继续进行推广工作，就好像它还不是首选药物。作为一名专科医生，我在每类药物中都有若干药物是我最常用的。坦白地说，我之所以形成这样的思维，即在每类药物中都有第一选择的药物，在相当大程度上缘于那些医药代表给我的教育。如果你的药物还不是（某位医生客户的）首选药物，而你认为它应当是，千万不要试图通过攻击对手的方式来取代它。你需要做的仅仅是说服医生"你的药物也值得作为医生的首选"。

如同我前面说过的例子，我的处方行为并不像典型的专科医生那样（虽然我是精神科专科医生），因为我偏向于经常选择少数若干

批注

条件反射是指，原来不能引起某一反应的刺激，通过一个学习过程，即把这个刺激与另一个能引起反应的刺激同时给予，使它们彼此建立联系，从而在条件刺激和条件反应之间建立联系。凭借医生多年的临床实践和医药企业的推广，已经建立了疾病与药物之间的条件反射。如果你的药物还不是首选药物，请说服医生认同你的药物也值得首选，即当医生遇到某种特定疾病类型时能够条件反射地处方你销售的药物。

种药物。作为住院部的主诊医生，我通常运用我的首要原则，即"速度决定论"来处置住院病患。同时，由于医院的住院部设施很完善，也使得我敢于进行联合用药或使用很大的剂量。这种治疗方法对于门诊病患就过于激进了。当医药代表试图说服我，以替代我的某些首选药物时，我会感到不爽！因为我看见我的病患正在按照我的治疗原则而得到康复。不要挑战医生头脑当中的首选药物，而要试着使你的药物和那种药物形成同盟，然后你可以从医生头脑中对原有首选药物的好感中，得到情感光环的照耀。

抓住新药上市的关键时机

当一种创新性的药物面世时，通常都会引起医务界和病患们的一片欢呼和殷殷期待。例如，我们在几周前获悉有一种新药可用于治疗阿尔茨海默病（老年性痴呆）的消息。病患家属从公众媒体得到消息后，纷纷打电话给我，希望能得到这种药物，或者让他们的家人加入试验组，或者询问："我们能得到药物样品吗？""多长时间能得到？"……

我自己还没有使用的经验，仅仅是从医学杂志和 Medline 查阅了一些资料。不过，我还是给我的 5 名病患打去了电话，告诉他们一旦我有样品就会提供给他们。

作为医药代表，需要密切关注在医生办公室里发生的这一切。医药代表需要做的是，恰恰在此时来到医生办公室，进行产品介绍和给予支持。那些最想得到这些药物的通常都是病症比较严重和使

> **译者注**
> 在美国的药物推广实践中，给医生提供样品是非常重要的营销方式，样品的费用占营销总费用的 10%～20%，同时有一套完善的管理法规。在我国，给医生派发样品的营销方式很少使用，这取决于我国的药物法律、法规环境。

用其他治疗药物而效果不佳的病患。我会比平常更加关注这种药物的疗效和其他临床表现，而这将产生深远的影响，直接影响我未来的处方。

医生的抵触

我的一名医生同事，目前正在进行一项治疗抑郁症的临床试验研究。该研究是，利用一种镁制剂来激发电兴奋，从而刺激大脑的不同区域。当听到他的新治疗方法时，我很高兴，心里想着我的5名病患可能从中受益。我打电话给他，却获悉这5名病患都不符合试验研究的标准。他给我回了一封电子邮件，附件中详细列出了试验病患的排除标准，他当然希望我能提供给他符合试验组标准的病患。可是，尽管在我们医院门诊每天看病的抑郁症病患非常多，却连一名符合他的标准的都没有（甚至包括我当初想到的那5名病患）。他设定的排除病患标准太多了：参加他的试验研究的病患，之前不能使用任何药物；不能有抗抑郁药物治疗失败的经历；不能有个体性格紊乱的问题；不能有药物滥用病史；不能有器质性疾病；不能有脑部外伤；等等。后来，我给他回了一封电子邮件："如果病患都没有这些病因，为什么他们还会抑郁呢？"

我的心态完全变了。我原来指望我的病患能从中获益，但是现在，我根本不再想他的临床研究，也完全放弃了他的治疗方案。

这个故事对你的销售任务有什么意义呢？因为在医生心目中也有一些"心理"放弃的药物。

> **批注**
> 药物临床试验的入选和排除标准（简称入排标准）其实在无形中定义了未来的产品适应症的病患类型。如果入排标准不够宽泛，未来的临床推广会受到很大限制。因此，医药代表应在临床1~3期时参与方案设计，与研发部门携手同临床注册部门及临床方案设计专家一起商讨合适的入排标准。

有一次，一家医药公司新上市了一种药物的注射剂，虽然它还没进入我们医院备选药物的名单，而且药剂科主任由于费用的原因反对采购，但我很看好这种药物，多次坚持要求医院的药房进药。在医院采购这种药物的一周内，我给几名病患使用了这种药物。这才是刚刚一个月前的事，现在我完全放弃这种药物了。对任何病患我都不再考虑使用它。

重树医生对药物的信心

我在心里给这种药物记了越来越多的"黑账"。有太多的原因让我很恼火，盘算着把它从医院备选药物名单中踢出去。疗效一般；价格昂贵（每次用量的费用高达200美元）；注射部位疼痛（即使我们调整到很慢很慢的滴速，甚至都发生回血的滴速，仍然会引发疼痛）；储存非常麻烦，使用当中的制备程序非常烦琐；等等。更糟的是，在整个医院所辖的社区内，所有社区医生都还没有使用这种药物的经验。当使用这种药物的病患出院后，转诊给他们时，没有人愿意接受这样的病患。这些所有因素都成为医生使用的障碍，而这些障碍累加之后的效果，就更不可饶恕了。

不过，凭良心说，我还是觉得这种药物对某些病患是有帮助的，而且我也希望能给这些少数特定的病患使用。我首先给这个厂家的医药代表发了一封电子邮件，信上抬头就是"求助"！我告诉她我所有的困惑，同时希望弄清楚究竟哪些病患是真正适用的病患。

像这样，医生还会使用你的药物吗？

会的。

> **译者注**
>
> 很多医药代表都很害怕给自己提出很多问题的医生。这些医生提的问题可能很严肃，询问的内容可能过于详细，并且他们的态度可能也不是很友善的。其实，医生能向你提问，正说明他对你的产品感兴趣。你应当对此求之不得。
>
> 如果医药代表销售的产品的确有独特的优势，真正能够给医生带来治疗的价值，以上问题都不应成为远离这名医生的理由。在心理分型上，许多医生属于分析型和驾驭型人格，他们话语不多、表情严肃、眼神冷漠。其实，医生不是专门对医药代表如此，而是对他的同事、领导也如此。因此，医药代表应多学一些沟通技巧来了解如何和医生打交道，如白金沟通法则。

如果你能使他相信你的药物可以适用于大多数病患,而且对某些病患是最合适的;如果医生能通过医药代表的教育产生对药物的信心,相信药物能给病患带来益处,他会重新考虑使用该药物。这正是你需要传达给医生的信息,而且这是唯一的方式来克服、平息医生初期使用药物时所积蓄的不满情绪。

相信自己的产品

作为临床医生,我们相信病患给我们的回馈信息,如哪种药物不错,哪种不行等。我的一名同事说:"是病患告诉我怎样当医生的。"

这个大家公认的经验将同样使你受益匪浅。如果你的药物有效,病患的情况得到改善,请你的医生告诉你。要不断地强化正面的经验,以冲淡负面的印象。如果你相信你所负责推广的药物,就将你的信心传递给医生,鼓励他继续使用。如果药物效果和病患耐受性确实不错,你会得到回报——此后源源不断的处方。

拜访要点

- 医生有着不同的处方习惯。专科医生通常在一类药物中选择更多种的药物;而全科医生在一类药物中通常只选择不多的几种,而且他们通常就只使用这几种药物。

- 所谓的首要原则,是指医生根据临床治疗的某一优先考虑原则而处方药物。

批注

药物销售已经从商品营销方式转为以病患为中心的"产品+服务"的营销方式。服务补救是医药企业在对医生提供的服务出现失败和错误的情况下,对医生的不满和抱怨当即做出的补救性反应。其目的是,通过这种反应弥补过错,挽回客户,重新恢复医生的满意度和忠诚度。当医药企业提供了令医生不满的服务后,这种不满能给医生留下很深的印象,而随即采取的服务补救会给医生留下更深的印象。也就是说,一些经历过服务失败又得到满意解决的客户,比那些没有经历过服务失败的客户有更强的再购买意愿。

第3章 医生处方行为分析

- 通常，医生第一考虑的原则是安全性。

- 临床上，医生通常会根据病患的不同亚型、病患的不同情况而选择不同的药物。所以药物需要针对特定的病患类型进行推广。

- 在处方药物时，对于每类药物，医生不可能记住超过7种。他们都大大精简了留存在记忆中的药物种类。药物的正面信息（印象）是使医生最先记住的关键，而且能使医生在面对病患处方时，立刻回忆起来，从而促进临床使用。

- 负面信息（印象）会减少医生对你的药物的用量。负面信息都极具破坏力，即使可能不是真的。

- 医药代表在新产品上市前、上市初期的拜访和样品派发，将对未来处方产生深远影响。

- 临床使用过程中的麻烦和不便，会大大限制药物的使用。如果护士们不断向医生抱怨，也将使医生对这种药物不再予以考虑。除非医药代表能够说服医生、护士，这些障碍都是可以克服的，而且这种药物确实能为病患带来益处。

- 一种好的药物自己会"说话"，为它搭建舞台，寻找产品能"自我表演"的机会。

> **译者注**
> 争取试用，争取开始使用。
> 没有开始，就永远没有处方。
> 没有处方行为，就永远没有处方习惯。

第3章 医生处方行为分析

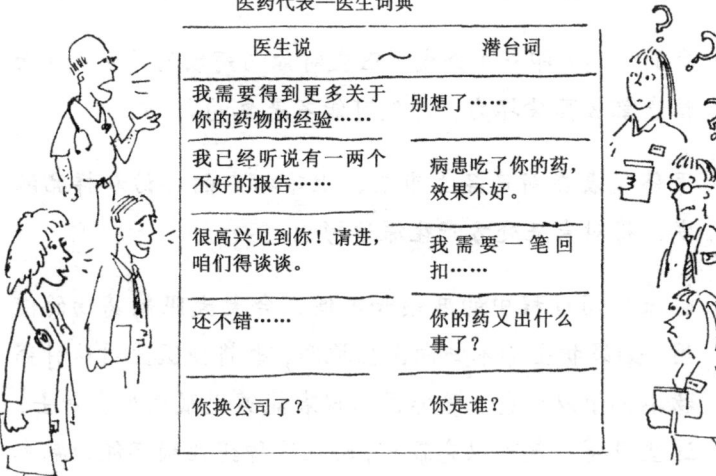

医药代表—医生词典	
医生说	潜台词
我需要得到更多关于你的药物的经验……	别想了……
我已经听说有一两个不好的报告……	病患吃了你的药，效果不好。
很高兴见到你！请进，咱们得谈谈。	我需要一笔回扣……
还不错……	你的药又出什么事了？
你换公司了？	你是谁？

实操指南

医药代表要关注医生的首要原则。医药代表的任务是，分析自己的产品能给医生的病患带来哪些益处。切记，不要轻易把某种医药产品说成治疗某类疾病的药物。例如，我们常听到，某种药物可治疗心脑血管疾病。这样的说法对医生、病患和医药产品都是非常不负责任的。任何一类疾病都有若干亚型，医药代表要将医药产品的市场细分对应到具体疾病的亚型上，之所以这样做就是因为不同亚型具有不同的病患治疗需求。更主要的原因是，某种医药产品一定对某类疾病的亚型具有更有效的治疗作用。医药代表要做好如下几件事：

> 分析目前各种类型疾病的亚型病患的治疗需求。

> 基于医药产品独特的治疗机制，分析其应有的治疗作用。或者，从上市前的临床研究中找到具有循证医学证据的治疗作用，从而确定医药产品具体治疗的亚型病患类型。

> 激励医生将医药产品的治疗益处视为对某类疾病亚型病患的首要原则。这是让医生处方医药产品的关键环节。能够建立医生对某种医药产品的条件反射是今后医药企业的市场营销能力的标志。

第4章

影响处方习惯的因素

前面几章,我们一起讨论了在相同疗效时,医生为什么选择这种药物而不是另一种药物的影响因素。不过,是什么导致了这种选择行为,进而形成了处方习惯?

有许多市场研究的文章和报告,就影响医生重复处方某种药物的处方习惯进行过分析。目前,又有不少做医药代表销售效能研究(Sales Force Effectiveness)的公司,通过对医药代表拜访过的医生、参加过专家演讲会的医生进行跟踪调查,以分析医药代表的销售效能。

医药公司有许许多多的营销工具,如专业期刊的广告、临床研究的文献、专家意见、推荐的临床诊疗指南等推广手段。在调查中,当医生被问及"上述的哪种营销工具对形成处方习惯最有影响"时,医生们回答,"都没有"。

各种影响因素

所有上述营销工具都是重要的,而且对形成临床印象和处方习惯都有帮助。例如,我对美国精神病学会出版的各种临床诊断/治疗指南都非常精通,这些指南有助于诊断和治疗患有重性抑郁症、躁郁症、谵妄状态等病患。这些病症都是临床常见的,几乎每天都会遇到。不过,当我每天看病患时,对于某些病例的处理,我并不按照指南中的方案和指导意见。药物因病患的个体差异而具有不同的临床效果,不可能有适应每名病患的临床治疗指南。

医学专家可提供很好的信息资源。实际上,我自己就是专家团队中的一员。有时,临床医生们会打电话,发电子邮件来咨询,当询问我的某篇文章的有关具体细节或临床的各种疑难问题时,我都很高兴为他们提供帮助。而当我需要帮助时,我也会经常接触其他专家,以得到他们的意见。

肯定地说,临床研究是构建临床治疗体系的基础。现代医学发展的一个重要趋势是循证医学的兴起。不过,临床研究并没有针对医生在日常工作中遇见的所有病患类型。有一次,一名医药代表问我:"按照临床研究的设计方案,使用我们公司的 K 药物,您的病患反应如何?情况是否和预期一致?""不一致,"我说,"比起你们公司规定的治疗方案,我加大了药物剂量,而且起效也迅速得多。"我还告诉她,最近一名使用她公司的抗精神病药物的病患,并不是精神病病患,而照临

> **译者注**
>
> 医生的治疗经验在临床推广上的作用是毋庸置疑的。医药企业如何将医生的成功经验向其他还没有经验的医生进行推广,是值得认真思考的问题。
>
> 医生之间应用经验的交流会、成功治疗案例的讨论会、医生应用经验的演讲比赛等都可以提供让医生自己表现的机会,而且最重要的是,这么做对医生的工作是有价值的。
>
> 从企业和医生这两个维度来看,医药企业的学术传播属于影响医生的外部因素,医生之间的经验交流属于内部因素。医生之间的内部经验交流对形成处方习惯的效果要好于药企外部传播。

> **译者注**
>
> 2019 年 4 月 27 日，在青岛举行的 CSCO 第三届全国肿瘤免疫治疗高峰论坛，大会上，王宝成教授公布了一项医生调研数据。调研结果显示，有 78% 的医生超适应症使用 PD-1/PD-L1 抑制剂，超适应症用药的主要原因为：(1) 国外有适应症，国内没有，占 64%，可以解读为医生主要看 FDA 或 EMA 是否已经有适应症，与我们 NMPA 审评官员的思路接近，即看证据。(2) 有高级别证据，但国内外均无适应症，占 45%，可以解读为医生倚重临床研究证据。(3) 没有针对病患的标准治疗可选，占 45%，这个比例很高，可以解读为医生以病患的利益为重，从伦理和科学的角度出发，提供恰当的解决方案。(4) 病患要求，占 21%，说明病患从各种渠道获得 PD-1/PD-L1 抑制剂的科普性知识后，与医生商讨使用创新药物的可能性，从另一个侧面反映出，病患在选取自费或贵重肿瘤药物时，有一定的话语权。从上面的调研结果可以看到，超适应症使用是客观存在的事实，同时鉴于超适应症使用存在的法律风险，医生在用药前应该与病患

床研究设计的规定，没有一条能让该病患使用这种药物。

影响医生处方的 3 个最重要的因素

影响医生处方习惯的最重要的因素有 3 个：

> 医生个人的经验。

> 医生个人的临床经验。

> 值得信任的同事的个人临床经验。

还是讲个故事吧。某种治疗精神分裂症的新药物 X 刚进入我们医院，还是由我申请的。在 1 个月内，我给 15 名病患处方了这种药物，但都反应不佳，有 11 名病患在使用几天后更躁狂了，其他病患也没有改善的迹象。《精神病学》杂志的当月刊也发表了一篇个案病例报道，题为"药物 X 导致躁狂加剧"。这证实了我的想法。虽然，我只进行了小规模的观察，遇到的很可能是偶发事件，而且在杂志上发表的文章也只是个案报道，不过你可以猜猜我使用药物 X 作为一线用药的可能性还有多大？想想看，精神科医生通常必须在 3~4 天内控制住住院的急性精神分裂症病患的症状。

因为我没有对药物 X 的成功经验，我邀请药物 X 的厂家代表到我们科室来介绍药物 X，使大家了解到如何正确调整剂量并监测可能出现的副作用，也使我重新了解了正确使用该药物的信息。至此，我还是不能十分确信病患使用药物 X 的临床益处。

> （接左侧）
>
> 充分沟通药物的有效性、安全性、存在的风险和没有适应症等情况，并获得病患的书面同意，以避免事后不必要的医疗纠纷。

我接着说道:"当然你老公可以参加这项临床试验,是不是你自己也考虑一下……"

第 4 章 影响处方习惯的因素

> **批注**
> 一般来说,医生会先针对少数病患试用新产品,并从小剂量开始。然后,逐步针对更多的病患,并采用更大的剂量。在试用的过程中,观察药物的安全性、有效性、不良反应等。这类似病患在采用呼吸机治疗前需要做的"压力滴定",以确定一个最佳压力,从而决定适应病情的最佳治疗模式。在医生的认知改变过程中,药企应有针对性地提供学术支持。例如,帮助医生识别典型病患,提供有力的循证医学证据,提供不良反应的处理方案等。

在科室介绍会之后,我又给我的一个医生朋友打电话。他是我们所在地区最大的精神病医院的首席医务官,在精神病界备受尊重。他使用抗精神分裂症的药物 X 比我有更多的临床经验。虽然我个人倾向不首选药物 X,但我总是相信朋友们的说法。

这里讨论的例子反映出医生有关信心的问题:医生对药物的疗效是否确信?医生个人的临床经验如果是正面的,会帮助医生树立信心;而负面的经验则会摧毁其信心。

当医生最初使用一种新药物时,在最初几名病患中有一两名疗效反应不佳,医生还不太担心(可能因为用在了难治性的病患身上)。但若重复出现这种问题,医生就会逐渐产生很强的负面印象。而且更重要的是,病患将对医生失去信心。想想看,只有 50% 的抑郁症病患会去看医生,在这些看医生的病患中,只有 40% 的病患会遵照医嘱服用医生所开的抗抑郁药达 6 个月之久。可见,医生要有让病患感到药物有效、副作用少的信心是何等重要。

医生个人的临床经验及其误区

医生个人的经验是处方习惯的最重要因素,这对吗?

对于许多药物的临床应用,"又是又不是"。有一些可能并不正确的方式,使得医生个人的临床经验变成了临床印象。

将有限数据泛化

在上述的案例中，我自己将在少数病患身上使用的情况扩大化，成为一种临床印象。当我的科室同事问我"药物 X 怎么样"时，我会回答"病患用后反而病情加重了"。我知道，这样的结论违背了临床研究的原则，但我仍然把自己有限的经验扩大化了。更厉害的是，我不仅是临床试验的参与者，还是精神科专家。也就是医药代表常说的 VIP 或 OL，我不仅可以握着自己手中的笔，也能影响别的医生手中的笔。

医生的认识与实际有差距

作为医药代表，你是否遇见过这样的医生，他对你说："一直用你的药。"可是处方统计显示实际销售少得可怜。当然，部分医生可能在敷衍你或欺骗你。但大多数的医生（误）以为他们已经在大量使用你的药物！正因为使用你的药物如此之少，反而，每次用药都记得清清楚楚。回到关于药物 X 的例子，我用了不少。如果在平常情况下，我每周只给一名病患处方一次，我会记得这名病患和他的治疗反应。如果我每周处方 20 次，我根本记不住这些病患，也想不起来他们的临床反应了。

魔力药片

记得当我还是一名住院医生时，我遇到一名情况非常复杂的病患。当我值完班离开医院时，其他交接班的值班医生都不愿意代管

译者注

VIP 是 Very Important Person 的三个单词首字母的缩写，即非常重要的人；OL 是 Opinion Leader 两个单词首字母的缩写，即意见领袖。

VIP 和 OL 通常被混用。不过在医药营销中，两者存在一定的区别。VIP 有时指在工作中遇到的各种各样的决策者，如药剂科主任、院长等。

OL 是某领域的治疗理念倡导者，可以在不同程度上影响其他医生对疾病治疗的看法，从而改变其对治疗方案和产品的选择。医药行业借助 OL 的影响力进行药物营销已成为一种全球性的普遍现象。OL 在推动新治疗理念的过程中发挥着重要作用，能让病患尽早得到更先进、更有效、更安全的治疗，最终造福病患。

她。这名病患每周都有自杀企图，甚至有一次在电话里对值班医生说："我正准备吃完100片安定……"她的边缘性人格非常严重，甚至只要能控制症状达一周就算治疗有效了。其他医生都打算给她买张单程车票，直接送她去我的住处……为此，我将自己的住所地址保密了好长一段时间。

在她使用一种新药物P后，她的症状终于得到了控制，而且出院后又稳定了数月之久。这种魔力药片成了我给每名边缘性人格的病患必开的药。神奇的经历（也许仅此一例）通常都会被医生记住，并夸大其效力，如同负面经验一样。

📖 **译者注**

联合药物是指2种或3种抗精神分裂症药物，或者1种抗精神分裂症药物加1种情绪稳定剂药物。

值得信任的同事的意见

还记得我给我的朋友打电话，问询药物X的事吗？在电话里，著名的精神病专家佩里医生给我讲了一名有趣的病患。佩里的临床成功经验也不多。在他的50名病患中，不少病患并没有好转，但有2名病患取得了非常神奇的治疗效果。这2名病患的家属以为家人能够被治愈简直是奇迹。其中一名病患已经用尽了所有抗精神分裂症的药物和各种各样的联合药物疗法。这名病患的偏执症状非常严重，一人待在家，不让任何人进入自己的家中，也不接任何人的电话。他的家人只好每周把日用品和食物放在他房间的门口。

当这名病患的病情稍微好转，在预约时间挣扎着来找佩里医生时，他的状况很糟。他的皮肤布满抓伤，显然，他很可能有触觉幻觉（Tactile Hallucination），在诊室里还不断在身上到处使劲地抓挠。

佩里医生让他开始使用药物 X。3 周后，他再来到诊室时，他的皮肤干净了很多，甚至微笑着跟佩里医生打招呼："最近您还好吗？"在这名病患身上，药物 X 成功了。"谁知道呢，"佩里医生说，"也许这是他坚持服用的第一种药物，也没准儿药物 X 正好针对他这种类型。"

你看，佩里医生发现药物 X 在 2 名病患身上成了"魔力药片"，不过，他也提醒，有大约 1/3 的病患在服用药物 X 后，情绪会变得很激动，正如我所预料的那样。通常，在抗精神分裂症的治疗时，病患的症状在改善前会出现恶化的情况并不少见，我和佩里医生还讨论了为什么药物 X 会出现超乎寻常的使病患病情恶化的现象。

所以，我仍然认为，药物 X 不应当是多数病患的首选药物，不过对于偶尔出现的药物抵抗、难治性的病患，药物 X 将是唯一选择。我很愿意继续尝试，但不会经常处方了。这可不是药物 X 的医药代表愿意听到的。当她来拜访我时，我详细告诉她我的各种临床经验、我的同事们的想法，以及我的真实想法。为了服务我们的病患，我必须确认我对药物 X 的理解，并且给正确的病患正确地使用药物。所以我和医药代表的对话还在继续，假如你是这名医药代表，当听到医生的这些反馈信息后，应当做些什么？

> 鼓励我，在我所发现的合适的病患类型中积累更多的临床经验。

> 询问我，是否我的这些初期尝试都用在了那些难治性的病患身上了。

> 告诉我,其他医生也遇到过和佩里医生类似的病患。

> 另外找一名我尊敬的医学专家,请他和我分享对药物 X 可能的不同的看法。

这名医药代表安排我和另一名专家在市中心的一家餐厅共进午餐。那时,这名专家正在进行药物 X 的巡回演讲。我们谈了很多,而且我了解到他对药物 X 的疗效很有信心。不过,我心里还是有点儿嘀咕,毕竟这名精神病专家的病患群体和我的非常不同。

我还有很多关于药物的故事。例如,我的同事用他的临床经验说服我继续再多试用几名病患的另一个故事。对医药代表来说,这些故事都是类似的。我还可以举出许多例子,例如,专家们相互争论,并且越争论越坚持自己的意见等。在这里,我不再多说了。本章的故事都是真实的,这名推广药物 X 的医药代表茫然不知所措,最后也不来拜访我了。如果她能够突破这个临床困境,她将成为一名出类拔萃的医药代表。

拜访要点

○ 医生个人的临床经验是形成处方习惯的最重要因素。

○ 临床试验、专家意见和临床治疗指南都是很有价值的。不过,当医生面临真实的病患时,它们都会逊色不少;病患对某种药物的临床反应也或好或坏。

- 虽然那些小范围的、偶然的、医生自己的经验显而易见是很有局限性的，可是当医生再次处方时，它们就浮现在医生脑海中。

- 医药代表在拜访时，应集中话题、集中时间来探寻医生个人的临床经验。

- 医生会夸大并牢牢记住正面的个人临床经验（如魔力药片）和负面经验（如不良反应）。

- 在上市之后，药物的一些方面并不完全清晰，还缺乏大规模临床研究的支持。对于新药物的推广，在拜访医生时，将是考验医药代表的创造性、毅力和激情的最佳时机。你对产品的信心和技巧都将传递给医生。

译者注

没有对所有病患都有效的药物，所以当医生抱怨"疗效不好"时，别太紧张，这种事情经常发生。

批注

近些年，许多药企开展了Ⅳ期临床试验，也称上市后监察。其目的在于进一步考察新药的安全有效性，即在新药上市后，在临床广泛使用的最初阶段，针对新药的疗效、适应证、不良反应、治疗方案，可进一步扩大临床试验，以期对新药的临床应用价值做出进一步评价，从而进一步了解新药的疗效、适应证与不良反应的情况，指导临床合理用药。Ⅳ期临床试验包括扩大临床试验、特殊对象临床试验、补充临床试验。

第 4 章 影响处方习惯的因素

一位和尚对一位冥想者说:"也许你要多吃点百忧解……"

实操指南

医药代表协助医生积累临床经验的重要性毋庸置疑，这就是医药代表的本职工作，这也应该是医药代表的常态化工作。病例营销是一种有效的推广方式，即医药代表协助医生通过科学的方法来处方药物治疗病患，收集完整、典型的病例并在医生之间传播，从而使医生体验到药物应有的治疗作用，最终使医生从中总结临床治疗经验并建立对该药物的处方习惯。

病例营销需要医药代表做好如下工作：

- 帮助医生精准地选择病患。

- 强烈建议医生与病患按照足剂量和足疗程的方式进行治疗。

- 在没有达到足疗程时，不要轻易停药，尤其不要因为效果不显著而停药，这时应根据病情调整剂量，或者增加联合治疗药物。

- 当出现药物不良反应时，医药代表应提供专业且有效的解决方案，以协助医生解决问题。

第 2 部分
医药销售艺术

第5章

医药代表是一个职业

基于医药代表们良好的工作,业界对医药代表们的要求已经很高了。医生们对医药代表们有如下期待。

■ 标准职业着装和绅士风范

当我还是住院医生时,我的科室主任曾教导我们要衣着得体但不要过于时尚,以免让病患分心或使病患产生距离感。这对医药代表也是个好建议。医药代表的穿着透露出许多无言的信息。

■ "对所有你遇到的医务人员都要保持礼貌，包括病患。"我的主任麦考尔医生这样告诫我。这对医药代表同样适用

从实习医学生，到每周一次来给办公室绿植浇水的工友，麦考尔医生对每个人都同样尊重。在每天的工作中，你会遇到无数的陌生人。当医药代表拜访医生时，可能穿公司统一的制服，而有些公司制服的翻领上带有公司的 Logo，这可能使别人主动和你搭讪、问询有关你的公司和药物的事情。在候诊室（有时甚至在停车场）等候要拜访的医生时，候诊病患可能问你有关你的药物的事情。记住这句谚语："你的医生是你请教的最佳对象。"（Your doctor is the best one to ask about that.）你可以请教医生，了解他们的直接用药经验。

■ 对医生所需要的（有关药物的）信息和服务快速回应

既往的成功和出色工作，使医药代表面临更高的要求和期望。当医生们要求得到有关研究的文章或从公司的医学事务部得到有关研究报告时，医生们通常期待着立刻或很快得到。糟糕的是，医生们要的资料常常要被拖上好几周才送来（这种情况已经不存在了）；而当医生们需要的信息来晚了，或者根本被忘记了……剩下的故事，你们自己讲吧。

■ 很容易而且可靠地得到医药代表们的服务

别忘记把你的手机号码告诉你的 VIP 医生。记住无障碍原则。

> 📖 **译者注**
>
> 如何鉴别一名超级医药代表和一名普通医药代表？
>
> 其实非常简单，你和他跑一天医院，就一目了然了！
>
> 当你陪同一名超级医药代表跑医院的时候，从进入医院的大门开始，他就开始和门卫打招呼了；到了门诊办公室，和导诊的护士打招呼，询问当班医生的情况和病患的相关情况，甚至是科室领导的去向；到了住院部的门口，很多医院在查房的时候，是不允许家属等人员进入的，但是超级医药代表不仅可以进去，还能咨询他要找的医生是否在病房……
>
> 从医药代表与医院各种各样的人员的熟悉程度就能知道医药代表的工作做得是否到位。

> 📖 **译者注**
>
> 在我国，医药代表遇到的主要问题是，医生不愿意见到医药代表。不过，即使如此，如果医药代表能够见到医生，也可以现场给医生的手机打个电话。这样你的手机号码就有可能被医生留下来，运气好的话，还有可能被存进医生手机的通讯录里。

第5章 医药代表是一个职业

医生们经常期待医药代表们的服务，不过很少对他们说。

但是，最重要的是，医生们期望着医药代表们是可靠的。

可靠才是医药代表们真正要推销的。我经常纠正这样一种错误观点："你们是销售代表。"这种观点将会误导医药代表们，使医药代表们忽视了医药代表应当是药物领域对医生进行医学教育的第一线人员。回到上面的问题，医药代表们究竟卖什么？我的回答是："销售你自己，即在药物领域对医生进行医学教育方面，你是个可信任的、可依靠的人。"

业界对医药代表的要求已经很高了，医生们期待着出色的医药代表。别害怕，迎接这个挑战！如果你能比其他医药代表更出色，你会成为最棒的。

> **批注**
>
> 药物是特殊商品，具有服务属性。医生对药企服务的感知来自医生自身的感受，包括药企的宣传、医生同行的分享等。从药物服务营销的视角来看，药企应从五个维度来改善服务质量，提升医生的服务感知，达到或超越医生的服务期望，形成差异化服务的营销优势。这五个维度是：可靠性、响应性、安全性、移情性、有形性。
>
> 对于一致性评价这一药物选择策略来说，差异化服务也许是一条新的路径。

拜访要点

○ 你的穿着"替你说话"，别让它讲歪了。

○ 对你遇到的每名医务人员都表现出同样的礼貌和尊重，包括病患。

○ 成为容易找到的人。

○ 成为可靠和值得信任的人。

○ 像医生们期望的那样做。

实操指南

书中提及，医生经常期待医药代表们的服务，不过很少对他们说。

这里必须要解释一下，医生期待医药代表提供的服务一定不是生活方面的服务，而是专业方面的服务。那么，医药代表如何才能为客户提供及时、准确、有效的专业服务呢？唯一的办法就是，走近医生，倾听医生，记录他们的专业需求，并为每位医生建立专业方面的客户服务档案。

很多企业都要求建立客户服务档案，但档案发挥的作用很有限，这不是建立档案的做法错了，而是客户服务档案应记录有价值的信息。客户服务档案的信息应包括如下内容：

- 医生接诊的病患类型。
- 医生诊疗病患的经验与处方习惯。
- 医生治疗病患的首要原则。
- 医生处方你的产品的周期。
- 医生在学术上的主攻方向和职业发展需求。
- 医生喜欢和希望参加的学术活动。

通过了解上面这些信息，我们就一定能与医生在专业方面建立伙伴关系。

第 6 章

医药代表的拜访频率

> 📖 **译者注**
>
> 医生与医药代表的价值链是什么？通常，医药代表作为企业价值链环节中唯一直接面向客户的群体，其角色的最核心任务即创造价值——把药卖出去。其实，医药代表的真正工作内容是，在药物生产企业和医生之间建立一个临床用药信息反馈和指导医生科学合理用药的沟通桥梁。从医生的角度来说，在为病患解决临床疾病的过程中，需要新药的用药信息和新的治疗方案。除了从专业医学杂志、报刊、网络了解，还需要参加各类学术会议，需要制药企业的医药学术代表做面对面的信息传递。例如，临床拜访、扩大临床

"为什么公司总是强调对医生的拜访频率，难道不应该更重视拜访质量吗？"

一年秋天，我在某医药公司总部的培训中心演讲，题目是"锻造医生与医药代表的价值链"。刚讲完，就有人递上个条子，写着上面这个问题。对于这个问题，医药代表们在私底下也多次问过我，尤其是在销售经理们不在的时候。这是不是医药代表们普遍的感觉呢？销售经理们应当关注的是医药代表们每天进行 4 次高质量的医生拜访，还是每天进行 10 次简单的拜访（在早晨，用几秒钟和医生们打个招呼，或者仅仅是类似签个样品收条这样的琐事）？

（接左侧）观察、循证医学观察、科室会议、学术研讨、沙龙组织、论文征集汇编、临床用药反馈、新适应症发现、毒副作用等临床危机事件的调查与处理，都离不开医药代表的身影。因此，医药代表与医生的正确关系应该是纯粹的学术交流与信息跟踪、反馈的关系。

当然，医药代表们愿意每天在拜访医生时有充足的时间，而且每次拜访都有其价值。短时间拜访看似无价值，其实一项关于医药代表拜访影响力的研究显示，医药代表们的医生"客户"期待着以一定的频率见到医药代表。频率也许是每周 1 次，也许是每月 1 次。医生们在等着医药代表们，可医生们从来不告诉医药代表们！

这听起来怪怪的，医生还期待着医药代表的拜访？

我曾向 120 名医生同事们做过调查，当问他们："希望间隔多长时间见到医药代表？"所有人都给出了答案——没人说不想见医药代表。多数人的答案是每周 1 次或者每月 1 次（最高的为每周 3 次，最低的为每 4 个月 1 次）。所以我在这里没法给出一个准确的答案，到底多长时间合适，甚至每名医生给出的答案都不一样。

起初，在开发新区域、新医院时，医药代表要听销售经理的意见，以决定多长时间拜访一次。对医药代表来说，掌握拜访频率太重要了。对于随后的日常拜访，医药代表则要揣摩每名医生的秉性和癖好，并按照每名医生的口味去迎合其期待。

正确迎合医生的期待有多重要？当医药代表没有按照医生期待的频率去拜访时，医生会认为：

➢ 在这名医药代表心目中，我并不重要。

➢ 那名医药代表工作不努力。

➢ 他给我介绍的产品不是一线药物。

📖 译者注

医药代表的拜访效果 $= (T \times F)^Q$

其中，T 为平均每次拜访的时间；F 为拜访次数；Q 为拜访质量。

这个公式是由译者编制的。

医药代表可以根据自己的工作实践来检验。请注意，拜访质量的评估值是一个主观化的数值。从这个公式可以看出，拜访次数至少和平均每次拜访的时间是同等重要的。至于是否有具体的数值，是否能计算出医药代表的拜访效果，则需要实证研究来提供经验数值。

有关医药代表拜访频率的内容，见附录 C。

> 他们公司的药物比不上同类的其他药物。

这 120 名医生的反应极具启发性。前两种反应关乎医药代表的人品，后两种反应关乎医药代表的销量。

第一种反应在专科医生中比较少见，更多的是来自全科医生。这些全科医生猜想医药代表认为他们的处方量不大、不重要，至少不如其他医生重要；可能其他医生有更多的病患，或者其他医生是医药代表的 VIP，而得到了医药代表更多的眷顾和拜访。甭管他们怎么猜想，重要的是他们开始对医药代表有了坏印象。我相信不会有医药代表愿意得到这样的结果。

第二种反应大多来自专科医生。因为他们自己想当然地认为："对于医药代表来说，我当然是重要的。"所以，如果你没有按照他以为的时间出现在他的办公室里，他会认为你是懒惰的。如果你没去，也说明你工作不努力。

最后两种反应就与你的药物有关了。还记得在形成医生处方的习惯中最重要的因素吗？医生个人的临床经验、体验！如果医生对你的药物有负面印象，你就要赶紧去询问医生以了解哪里出问题了，并进一步了解医生的关注点。无论大问题（如病患出现一个严重的不良反应事件）还是小问题（如医生使用的剂量不当而致临床效果不好），都会使医生们产生负面体验。如果你没来，医生会就此认为药物就是这样，药物不怎么样。于是，医生就形成针对你的药物的处方习惯——你的药物不是一线药物，而且不如同类其他药物。

第6章 医药代表的拜访频率

最有意思的问题是：当医生们被问及"若医药代表不再来拜访时，会有什么反应？"之前，没有一名被调查的医生曾经对拜访的医药代表透露过他的期待。被调查的120名医生尽管对医药代表拜访频率的回答各不相同，但对这个问题的答案完全一致：

"太糟了！"

别犹豫了。主动问我们吧！这取决于你的主动性。我很欣赏这样的医药代表，他会问我需要他提供什么及下次什么时候见面。这种心态有助于医药代表从一名销售代表的思维方式转换出来，成为现实中应当的角色——一名教育者和一个病患健康的参与者和一个被需要的、可信赖的资源。

在一次培训研讨会上，有一名医药代表问我："对医生来说，怎么样就算过度拜访？"我想了一下，仔细地回顾了自己的整个医生职业生涯，这样回答了她："医生们是否已经有了过多的医学教育？当然不是！医药代表越多教育医生们，医生们越能当好临床医生，造福于病患。"所以，医生办公室的门永远对你开着。

拜访要点

○ 每名医生都在心里有个期待，即医药代表应该间隔多长时间出现……来帮助治疗病患。

译者注

在美国，严禁医药代表贿赂医生，在最新的PHRMA医药代表指南中，甚至连免费的笔、礼券都在禁止之列。所以，在本书中，医生们的回答都与金钱利益无关。有兴趣的读者，可以登录www.phrma.org。

译者注

这一点对我国的医药代表们同样适用，也同样具有启发意义。

而我们的问题似乎是拜访太频繁了，医生尤恐避之不及。在医院里，我们时常可以看到"医药代表谢绝入内"的标牌。其实，也需要自我审视一下，医药代表的拜访是真正意义上的拜访吗？如果是，恭喜你！医生办公室的门真的永远对你开着。

- 与医生保持接触，尽管这种做法时常被认为似乎没有效果，但它能满足医生的期待。契合医生的期待对医药代表来说是极其重要的。

- 医药代表应该间隔多长时间去拜访一次以符合医生的心理预期？这取决于医药代表对医生的了解和自己的判断。

- 如果医药代表没有按照医生期望的那样出现，医生会认为医药代表工作不努力，或者，他会认为，对于医药代表来说他不重要。

- 当医生对你的药物开始有负面的体验，或者感觉使用你的药物很麻烦、疗效不好时，医生对医药代表不常来的解读是：这个药物有问题，医药代表不敢来。并且，医生认为这个药物不应当是一线药物或者根本不值得用。

- 医生们极少主动将自己心里的受拜访期待告诉医药代表，这需要医药代表主动向医生询问。

- 没有拜访（即便是短时间的拜访）是浪费时间的这回事儿。不存在拜访医生过度，只要你们进行的是真正的拜访。

第6章 医药代表的拜访频率

你说过他们不会记得面巾纸样品这回事……

实操指南

拜访频率是老生常谈的专业营销和管理话题。面对一位医生，应该采用怎样的拜访频率，这困惑着很多企业管理者和医药代表。目前，最大的问题是，潜力大的医生对应的拜访频率过高，高到让当事医生都觉得不舒适。言外之意，有些我们觉得潜力小的医生得不到应有的拜访。解决拜访频率的问题应按照如下步骤：

> 确定每个月的拜访人次。这个数据的计算方法很简单，即医药代表每天的有效拜访数乘以每月的有效工作天数。很多企业往往忽略了这个数据。只有每位医药代表确定了应该拜访的医生总数，才能确定具体的拜访频率。

> 目前，拜访频率通常根据医生的潜力来设定，即潜力大的医生对应的拜访频率高，潜力小的医生对应的拜访频率低。但对两类医生的拜访次数的总和要与每月可以发生的有效拜访次数一致。

> 企业应将上述的拜访频率匹配数据纳入绩效管理体系，甚至设定严格的绩效考核管理制度。这样就可以从根本上解决拜访频率不合理的问题，从而让更多的医生得到医药企业和医药代表的专业服务。

第7章

拜访的基本要素

医药代表新人进入公司后,在前6个月里会接受大量的培训。在培训时,除了学习医学基础知识和产品知识,在绝大部分时间里还要接受拜访技巧、角色演练、处理反对意见等拜访训练。为了那宝贵的几分钟拜访,医药代表需要花费大量的时间学习产品各个方面的特性。这样才能对医生说清楚如何应用自己的产品及其优势所在。而医生为了完成他的工作,也依赖这样的医药代表,以及他们的拜访和教育。

产品拜访的培训资料最好能采用对话形式。即便是最差劲的培训资料,也应采用自问自答的形式。在进行产品拜访时,医药代表要努力营造一个轻松的、对话式的拜访氛围。如果对医药代表来说时间太紧了,或者医生心不在焉,可以询问医生可否在当天晚些时

> **批注**
>
> 一般来说,医药代表要接受的培训包括:
>
> 1. 专业拜访技能。如专业沟通技能、医药专业的顾问式营销、代表成功的7个原则、医生如何思考、拜访流程强化。
>
> 2. 团队销售。如培训培训师(TTT)、演讲风格和卓越演讲技能、团队营销(从策划、实施到跟进)、医药代表的5项管理技能、科内会实务、熟悉产品的幻灯片。

(接右侧)
3. 区域市场管理。如大客户管理与谈判技巧、微观市场与个体营销、Q销售质量、目标和数量、医院环境。

4. 赢者思维。如6项思考帽、绩效先锋特训营、与成功有约、Will to Win、公司文化、与公司高管互动。

> **译者注**
>
> 看，医生们既嫌弃无话可说的医药代表，也讨厌唠唠叨叨的医药代表。对话需要医生和医药代表一来一往，所以，先从产品经理做起吧。按照法兰医生建议的那样，将培训资料改成对话的形式。

> **批注**
>
> 3分钟有效拜访的话术结构：提出预先准备好的与自己产品有关的一个临床急需解决的问题。说明问题的危害，阐述现有产品的不足之处。在竞争框架内解析自己产品的独特机制和循证医学证据。总结陈述。

候再来。医药代表所传递的有关药物的信息是很重要的，决不能敷衍过去，或者仅仅将资料留在医生的办公室桌上。

好多医药代表问我，聊天、对话的拜访方式是否意味着没有议题或者重点？医药代表完全可以用对话的方式，让医生记住"打算让医生记住的重要产品信息"。事实上，医药代表必须精心设计每次拜访所谈的内容，甚至考虑到一些医生一般不会问及的方面。就像一名政治家发表他的施政设想，医药代表可以将话题引导到一些重要的方面。亨利·基辛格在这方面是个大师，在新闻发布会上，他经常这样开场："有没有人打算问我知道答案的问题？"

一项研究显示，有超过97%的医生认为，医生需要医药代表们所传递的知识。当医药代表真正在进行学术拜访时，医生愿意和他在一起的时间平均为8分钟。当然，不是所有医生都这样包容。我的一名医生同事，曾经在门诊看完病患走出诊室后，看见仍然等候在那里的医药代表。他走过去，拍拍这名医药代表的肩膀，对他说了句："我看见你来过了。"就走了。幸好这名医生同事对病患非常友好，和同事的关系也很不错。最近，这名医生同事和这名医药代表一起吃了顿午饭，很有成效。对于这类医生，办公室不是合适的谈话场所。

上述研究还显示，医生们对新产品拜访和老产品拜访的期待完全不同。作为一名医药代表，设想一下，如果你有充足的时间和医生进行拜访交谈，你打算怎么利用呢？

怎么做新产品拜访：HITEC 模式

■ 首先，介绍怎么用？

对于新产品，医生首先想知道的是怎么用。医药代表要教会医生正确使用的剂量，在临床工作中如何逐渐加量的时机、加大药物剂量的幅度、最大用药量、食物是否干扰药物的吸收，以及每天使用药物的恰当时间等。所有这些信息都会影响临床用药的疗效和安全性。了解这些知识，对医药代表来说很容易，但必须熟练掌握这些资料。研究显示，仅仅因为对某种药物的使用剂量和剂量范围不确定，医生就会完全不再考虑这种药物。例如，一名医生正在考虑使用一种新的抗抑郁药物。产品资料上的介绍是："起始每天两次、每周增加一次剂量。"另一名精神科专家教导他说，说明书的推荐剂量对许多病患来说太低了，而且增加剂量的速度应当更快些，可以比原先剂量增大 300mg，让病患在临睡前一次性服用。面对如此相反的信息，这名医生会怎样做？

为了安全起见，不用了。

通常，在拜访医生时，医药代表一定不要照本宣科地向医生背诵药物的使用方法、剂量等知识，这样会让医生感觉受到了侮辱。医生们最常说的客气话是："放着吧，我会看。"不过，医药代表一定不要忽略这些简单的基础方面，可以试着换一种谈话方式，轻松地对医生说："我晓得您已经知道药物 X 是每天两次的用法，下面我想向您介绍对于……"

■ 其次，介绍适应范围

医生们很想知道医药代表所推广的药物最适宜用于哪些病患。

好初级的问题，是吗？

许多药物都有各种用途，这可能使医生困惑。例如，对于 SRI 类抗抑郁药物，我确实给一些抑郁病患使用着；不过，有些强迫症病患、焦虑症病患、恐惧症病患也在用。此外，我还将 SRI 类药物用于一些非说明书适应症（Off-Label Use）的病患，如慢性疼痛综合征、偏头痛、强迫性冲动购物狂，甚至是绝经期综合征（PMS）。偶尔，我给少数儿童病患也使用这类药物，而 FDA 对所有 SRI 类药物都没批准用于儿童。你们一定想不到，我家里养了一只松狮犬，我女儿叫它"恺撒"。偶尔我也给它吃几粒百忧解，来降低它对外人的攻击性，免得给我滋事。现在你知道了，让非专科医生记住这些是多么困难。

对于某些非适应症的临床病患，经过审慎的病情分析，医生如果认为这种药物是最佳选择，几乎所有医生都会给非说明书适应症的病患使用。但是，法定适应症是最稳妥的依据，医生必须遵从。说明书上的适应症听起来是很简单、很初级的信息，医药代表一定要清晰地告知医生 FDA 批准的适应症；如果对药物的适应症介绍得不清楚，医生会选择另一种更熟悉的药物。

■ 再次，介绍副作用

医生们也等着听副作用。

📖 **译者注**

中成药的说明书上常常标注了许多适应症，即对不同的疾病都有治疗作用，这在中医理论的指导下是正确的、是可以接受的。但目前我国医生的主体属于西医学派，他们接受的大多是西医的培训体系。所以，建议医药代表针对一名专科医生只谈一种适应症，尤其是在拜访的初期。总体而言，能治疗许多疾病的药物，就成了万金油。医生会认为，这样的药物对任何一种适应症的疗效都不会好。

医生都知道，任何药物都会有不良反应。事实上，即使在药物临床试验前的安慰剂洗脱期，医生们也会观察到一些严重的不良反应。当然，发生的不良反应多为普通、常见且容易处理的。医生们不使用某种药物不是因为这种药物有不良反应，而是因为不知道发生后如何处理。例如，是否需要减少剂量，将规定剂量分次使用，还是添加治疗不良反应的药物，或者使用解毒药等，医生需要知道这些信息。

最糟糕的错误是，当一名医生报告了一个不良反应，想听听医药代表的意见时，医药代表说："这不可能。"或者"不应该发生。"要知道，出现的不良反应很可能仅仅是安慰剂效应，也可能是其他药物引起的。但病患使用了你的药物，就是你的病患！医药代表需要对使用了你的药物的病患，以及他们所出现的任何不良反应都给予同样的重视。曾经有一次，在对一个抗精神分裂症药物的Ⅳ期临床观察中，病患报告说使用药物后体重增加了，而且报告显示的发生率远高于医生们在开始临床试验时所预期的百分比。但这家医药公司的医药代表质疑试验的数据，而且好几个月都坚持认为这不可能。我的一名同事非常恼火，对这家医药公司的医药代表说："你以为我瞎了吗？"

当遇到这种情况时，建议医药代表这样回答："请让我仔细了解一下病患的具体情况，然后我马上通知公司的医学事务部。"再强调一下，医生们其实仅仅需要知道在出现了不良反应后的处理办法。这是最宝贵的机会，医药代表一定要谨慎处理，因为医生们对医药代表的药物的信心和医药代表个人的信誉，都将因为医药代表否认不良反应而毁于一旦。

📖 **译者注**

医生关注不良反应这一点，对于中药的宣传推广很有借鉴意义。尤其是在中国，有90%的医生都是西医医生。当他们接受了西药那长长的说明书和许许多多的注意事项及不良反应后，如果仅仅向他们说中药纯天然，没有不良反应，只能给医生留下以下印象：要么是没什么疗效的安慰剂效应，要么是生产厂家不重视不良反应的工作。

📖 **译者注**

请注意！

这段中最主要的一句话："……病患使用了你的药物，就是你的病患！"

📖 **译者注**

在对待不良反应的态度上，再次体现出管理医生预期的重要性。

■ 从次，其他医生的使用经验

除了进行临床试验的那些医生，其他医生的临床经验也很重要。我曾就抗抑郁药物、抗精神病药物做过许多次学术演讲，现场听众总是问我关于药物的个人经验。他们当然可以自己看学术文章，但他们参加会议和听报告的目的是，想知道使用这种或那种药物后将会怎样，以及使用药物的窍门。

医生们对药物在其他国家的临床经验也同样有兴趣。我们经常参照来自欧洲和其他国家的临床文献。

■ 最后，有关费用和购买方式

最后，医生当然会关心药物的成本。医药代表需要告诉医生某种药物是否是可以报销的，以及属于哪种医疗保险和报销范围，同时要向医生讲明需要病患自费的比例。此外，医药代表还要告诉医生该药物在医院附近药店的铺货情况、购买地点等信息，以方便医生能够直接把这些信息告诉病患。

在拜访医生时，医药代表不要仅仅讲自己药物的优势是"便宜，或者最便宜"，而应当说最具价值或极具竞争力的价格。关于价格和费用的内容详见第 8 章。

总之，在进行新产品拜访时，医药代表应介绍医生最想了解的 5 个方面：

> 怎么用。

> **译者注**
>
> 对于临床医生对自己产品的异议，经过培训的专业医药代表与新医药代表之间的表现差别很大，专业医药代表知道应让医生把话说完，而不是否定医生的意见。
>
> 临床医生的反对意见有很多来源，大致可分为两类：一是对公司、产品或医药代表的服务的误解。二是医药代表的产品确实存在缺陷。无论属于哪种情况，医药代表都应该先了解问题的真相，而不要急于回答医生，更不能否定医生的意见。

> **批注**
>
> DTP（Direct to Patient）药店模式指的是一种直接面对病患的医药销售模式，即药物生产企业直接把药物放在药店进行销售的模式。DTP 模式对于病患、医生、药物生产企业及药店是一种"四赢"模式。DTP 模式帮助企业省去了进院的烦琐流程，而药店可以通过该模式获得更高的利润。以往，医生没有足够的精力及主动性收集病患的完整用药信息，并及时反馈给企业。DTP 模式将打破传统药物推广通路。企业通过药店直接接触病患，给予药店专业的技术支持，并从药店获得病患的完整用药信息及用药反馈，还能测试病患对药物品牌的忠诚度和药物的畅销性。

- 用于哪些病患。

- 预期的麻烦。

- 医生对药物的个人经验。

- 费用。

上述药物拜访的 HITEC（How Indications Trouble Experience Cost）模式，将使医药代表在推广新上市的产品时，无往不胜。

顺着这样的思路，医药代表应该清楚医生的思维方式，那么即使没有带该用的辅助资料，也可以在任何地方（如办公室、咖啡厅、餐厅、医生休息室、停车场）拜访医生。

怎么做老产品拜访

在医生已经熟悉了你的有关产品后，再次拜访时，医生还需要什么？

在拜访医生时，下述的两个答案屡试不爽：

- "告诉我点儿新东西"，如新的临床数据、新的研究、有意思的上市后临床试验都是医生想要了解的信息。

- "给我些支持和帮助。"

我曾经问医生们："需要听到哪些有关临床的信息？"这个问题

特指药物对病患的治疗价值。结果仍然有超过 70%的受访医生们认为需要来自医药代表的支持。他们其实需要对药物的信心，以及确认和加强对药物的信心。在某种程度上，这种信心关乎病患的健康，医生们需要医药代表不断地提供意见。这也提醒医药代表们，即便形势大好，保持拜访也是必要的，因为医生们可以在医药代表的帮助和教育下，更多地使用他的药物。

最近，在一次圆桌讨论会上，一位医药代表介绍了一项临床研究，除了研究的正文，他还坚持向医生们朗读这篇论文最后的索引部分。我们本来谈得还挺不错，结果弄得大家都索然无味了。在拜访过程中，如果医药代表过于自信，会使医生们很厌烦。因此，医药代表应坚持用谈话的形式，别做讲演。

> **译者注**
>
> 我国的医药代表在接受培训时，经常被要求练习演讲技巧。看来，还需要对此进行进一步的强化训练。重要的是，要让与会医生感到亲切、自然。医药代表在科室推广会上演讲，是进行信息和知识的传递，也是对医生进行教育。医药代表需要在尊敬和教育之间寻求某种平衡。而医药代表的自尊更多地来源于自信。

拜访要点

○ 努力用谈话的方式进行拜访，但心里得有谱。

○ 牢记你想说的关键点，以引导话题。

○ 拜访的 HITEC 模式可作为进行新产品拜访的思路。

○ 进行老产品拜访时，尽量跟医生分享最新的信息。

○ 永远对医生使用你的产品表示感谢。

○ 病患使用了你的药而得以康复，你会感到欣慰和满足。这正是从事医药代表职业的最大价值。

第 7 章　拜访的基本要素　　71

据说他以前是公费医疗，现在他要自己付费了……

实操指南

在本章中，作者分别介绍了新产品和老产品的拜访方式。这两类产品的确需要截然不同的拜访方式，但中国医生与美国医生所处的市场环境也有所不同。完全参考本章内容并在国内运用，有一定的不确定性。我们总结了多年的拜访经验，在这里与大家分享。

> 新产品的专业拜访程序与技巧。

- 明确药物所治疗的疾病及其亚型。
- 鼓励医生重视药物的独特治疗作用对治疗病患的价值，并对此与医生达成共识。
- 突出介绍与药物的独特治疗作用相关的治疗机制。
- 客观展示权威的循证医学证据，或者具有影响力的典型病例。
- 必须强调与药物配合的规范治疗方案，以及如何针对不同病情调整治疗方案。为使病患获得更好的治疗效果，也可以建议医生采用联合治疗方案。
- 不论医生询问与否，医药代表都要主动介绍药物的不良反应，以及应对不良反应的处理方案。
- 建议医生收集和观察完整的典型病例。

- 向医生承诺，在其用药过程中，会随时提供专业的支持。

> 老产品的专业拜访程序与技巧。

- 定期随访医生的用药情况（不要过度要求用药数量，这样一定会引起医生的反感）。具体的用药情况包括：医生在近期治疗的病患类型、病患在复诊时反馈的治疗效果、医生对这次拜访的期望。

- 如果复诊病患的治疗效果很好，医药代表要在第一时间向医生表示祝贺，让医生感受和体会有效治疗病患的成就感。之后，要完整收集病例信息和治疗方案，最好能请医生总结药物的治疗作用和使用该药物的治疗经验。

- 如果复诊病患的治疗效果不好，医药代表要严肃认真地了解病患的病情，并与医生一同分析效果不好的原因。若经确认，药物确有问题，医药代表要给予专业的解释和调整治疗方案的建议。

- 如果复诊病患出现的问题确属药物的不良反应，医药代表要向医生表示歉意，并了解病患的具体病情，以及不良反应的处理方案。建议和鼓励医生权衡利弊，继续处方本药物。

- 可以向医生介绍有关产品的最新研究成果，也可以与医生交流近期收集的典型病例。

第8章

拜访时,讲解产品信息的10个障碍

医生太忙了

在每个星期一的早晨,我都用三本台历做一周的工作计划:一本记录的是自己病区的医疗事务和重病患的情况;一本记录的是作为医疗事务总监的工作和要处理的医院事务;一本记录的是私人杂事。你们每周也会制定自己的工作计划和时间安排。作为一名精神病专家(我的病区有28张病床,我要会诊、提供咨询,还要出门诊),我的名字肯定出现在某些制药厂家的VIP名单上,尤其是那些抗精神病药物、抗抑郁药物、抗焦虑药物、抗痴呆药物的厂家。拜访我的计划,也会出现在某些医药代表的日程安排里。但问题是,那些医药代表的拜访都没有在我的计划里。有些医药代表还会做传统的"陌生拜访",即直接敲我办公室的门,期望我能给他几分钟。

作为科室主任,我典型的一天是这样的。

> 早晨 8 点我开始查房,巡视所有的住院病患。首先,我巡视病情最严重的那几名病患;然后,主持一个治疗团队的会议,会议期间所有的与会者(包括护理人员、专业治疗师、病患管理的工作人员)都分别发表对病患的治疗意见,并逐一讨论每名病患的治疗方案。散会后,我才算查房结束。接下来,我要去其他科室会诊,那里有些因其他疾病住院而需要精神科医生会诊的病患。这些病患往往有药物过量或因住院而出现心理障碍等问题,还有一些病患需要戒酒、药物戒断治疗等。除了这些会诊病患,还有不少其他病因的病患。我最近会诊的一名病患就很有意思,他住在神经科病房,有癫痫大发作的症状,却不像是由癫痫病引起的,更像是假性发作(Pseudo-Seizures)。不料,这名病患误解了医生对他的诊断,询问他的主诊医生如何对付这种"巫术作用"(Voodoo-Seizures)。听到他的问题,他的主诊医师也误会了,以为他出现了妄想,病患认为自己被巫师诅咒了,于是请我去会诊。其实,问题仅仅是病患误解了医学词语。
>
> 回到自己的病区后,我又去看望一名刚入院的新病患,询问她是否还有被害的幻觉,并建议她不必对医院的厕所隔间那么紧张。"也许你过于敏感了。"我对她解释说。她回答:

📖 **译者注**

在英语中,pseudo 和 voodoo 的发音很相似。pseudo 的意思是假性的;voodoo 的意思是巫术。

第 8 章　拜访时，讲解产品信息的 10 个障碍

> "没错，如果每个厕所间里都藏着一个人想杀你，你也会发狂的。"（唉，简直没法和她生气）
>
> 看完院内会诊病患后，我开始检查下级医生的工作，可能和住院医生讨论，可能出席医院的一个会议。另外，我每天还要处理许多打进来的电话、院内传呼机和手机，填写各种表格，向病患的家属解释病情……

现在，你明白了吧。

所以，作为一名医药代表，你怎样才能在医生如此忙碌的日程安排里挤出时间，还进行一次细致的、高质量的拜访？

■ 建立好关系

让我中断正在做的事情，给医药代表腾出时间？医药代表和医生之间建立的关系，是使医药代表能和医生立刻见面的魔力钥匙。

医生们只将机会留给部分医药代表——他们已经成为治疗团队的成员。医生们的时间只给那些和他们有牢固关系的医药代表们，给朋友们。有了牢固的关系，医药代表可以超越所有的游戏规则并见到医生。下面讲个我自己的故事。在林达·戈德曼曾经写过的《成功的处方》(*Prescription for Success*) 一书中，我在该书的序言部分也用了这个例子。

> 在精神科门诊室里，又是忙碌的一天。"弥赛亚"还等在候诊室里，至少这名病患认为他是"弥赛亚"。病患的名字叫赫尔

译者注

弥赛亚与希腊语中的基督是一个意思。在希伯来语中，它的字面意思是受膏者，即被用油膏涂抹的人。在旧约中，受膏者指的是上帝所选中的人，具有特殊的权力。随着时间的推移，这个词渐渐地被用来指一位拯救者，他将是大卫王的后裔，他将恢复以色列在大卫王统治时期的辉煌。

第 8 章 拜访时，讲解产品信息的 10 个障碍　　77

> 曼，它显然不如"弥赛亚"响亮。他吵吵嚷嚷着要在一群病患之前第一个见我。当我准备叫下一名病患进来时，我听到我的助理告诉我："有一名医药代表等在门口。"简是一名我们很熟悉的医药代表。医药代表优先！我们谈了好一会儿，我们让那个自称"弥赛亚"的家伙等着，简的拜访更重要。

这听起来违反了病患和医药代表的优先次序。但是，简已经是我们治疗团队的成员，我需要她的信息来帮助那名自称"弥赛亚"的病患。他是个病情相当复杂的自大狂，在以往的治疗过程中，用过不少药物，对任何药物都疑心重重。和简进行交谈对治疗"弥赛亚"很有帮助。

简当医药代表两年多了。她在我的同事当中颇受欢迎——我们都认为她是个可信赖的医药代表，她已经成为我们治疗团队的一员，而不是又一名浪费我们时间的医药代表。她已经超越了"如何接近医生"的游戏层次，也超越了她的两名同事尼克和迈克。稍后，我还会讲到他俩的故事。

再给大家讲个故事，这是我的亲身经历。最近，我在美国中西部的一个大城市进行学术交流演讲，3 名医药代表陪我去午餐会的会场。在那儿，我将给住院医生、医学生、主诊医生和社区医生进行演讲。医学生们胆子大，不仅听，还提了还多问题；住院医生也很感兴趣；那些主诊医生们坐在后排，边吃边静静地听着，然后为了躲医药代表而早早溜走了。医药代表们辛辛苦苦举办了一场午餐学术会，结果连请精神病专家们签个到（以便趁机会聊两句）的机会都没有！

✎ 批注

"多学科团队"的概念（Multidisciplinary Team，MDT）源于 20 世纪 90 年代，由美国率先提出。MDT 指由来自两个以上的多个相关学科的专家，组成固定的工作组，针对某一系统疾病，通过定期会议的形式，提出适合病患的最佳治疗方案，继而由相关学科单独或多学科联合执行该治疗方案。MDT 在国外的大型医院已经成为治疗疾病的重要模式。在美国和其他国家的一些重要的肿瘤治疗中心，均建立了 MDT 治疗工作模式，通常包括肿瘤外科、肿瘤内科、介入科、放疗科、影像科、病理科及护理团队、基础研究团队。通过这种多学科专家组一同协作的诊疗模式，实现了以病患为中心、以多学科专家组为依托的有机结合，保障病患得到规范、个体化的诊疗方案。

第8章 拜访时，讲解产品信息的10个障碍

唉，医生和代表们良好的关系是怎样的？

医生心里满了

"琼斯先生想今天出院。"

"他还有幻听吗？"我问他的责任护士。

"是的，他说仍然有声音在告诉他，'你是死亡天使'。而且他时不时地嘟囔着要找一把能够发射火箭弹的步枪……"

听完这个吓人的病情汇报，我去病房看望琼斯先生。他想出院，但是他当着我的面儿说的任何话，都不可能让我同意他出院。他还没开口，我已拿定主意。他恳求我让他出院，并表示会按时吃所有我给他开的药，会每次按时到医院复诊，会遵从任何我给他的建议。无论他怎么说，没用！在护士向我汇报后，即使他那天早晨真的好转了，我仍然不会让他出院，太危险了！

这个病患的故事告诉你什么？

作为一名医药代表，你有没有遇到过这样的医生，即你还没有机会拜访他，他已经决定不用你的药物了？在我探视完"死亡天使"先生后，我还真遇到了一名医药代表。她告诉我，她的药物进入我们医院的药物目录了。可是我几周前刚跟药房主任讲过，因为我每个月只用3～4次她的药物，所以没有必要存货。如果病患的确需要这种药物，医院药房可以在几小时内调到。我可以感受到这名医药

译者注

在此，建议读者看一看里斯和特劳特写的《定位》一书。销售产品，尤其推广药物，最主要的是让医生在其头脑地图里有你的位置。

代表内心的沮丧和所受的挫折。她之前跟我讲了很多这种药物的优势，包括节省费用等。当她发现还是没戏时，她开始说起："……在我们医院开户对她和公司都很重要……"（开户对她很重要，但和我有什么关系？）

这名医药代表和琼斯先生都遇到了同样的困难。所不同的是，医药代表没有精神病症状也不想杀人。（虽然我不确定她的销售经理听到这个消息之后想不想……）她没有想到的是，尽管我的固执给她设置了障碍，但她确实还是有机会来说服我的。其实，她要说的话很简单。结果，她变得很沮丧，开始和我啰唆起生意的事，而不管病患康复的事。

她应当怎么办？

对策

（1）问。问我为什么每个月只使用几次。尝试着真正了解我所有的担心、犹豫（她将会了解到：我不清楚这种药物的作用机制；与其他药物有很复杂的相互作用；治疗剂量不明确；我的医生同事曾告诉我他们给病患使用后疗效不好等）。看到这些，估计你准备晕过去了。确实不好回答。但是，这是谈话、讨论的开始，而不是结束，不要让我把我的想法留在心里。

（2）找帮手。安排一个机会，请另一名精神科专家和我谈谈有关这种药物的临床经验和心得。他可能有更多的药物使用经验，请他来向我解释，和我分享临床经验。

不过，最重要的还是：

（3）专注于病患的需要。如果我认为她的药物真是对病患的最佳选择之一，她的药物当然需要在医院药房里存货。对病患有效的药物，就能带来好的生意。

◼ 更好的方式

她可以和我、我的医生同事建立起牢固的关系，使交流更顺畅。为此，她当然还有很多工作要做。但是想象一下，如果我像个朋友一样欢迎她，放下手头的事情和她交谈，上面的三项任务还困难吗？

有关产品的负面传闻

在每名医药代表的职业生涯当中，都可能遇到过（或者在以后也会遇到）这种场景：你去拜访一名医生，听到医生对你说"竞争药物 Z 的医药代表曾经说……"这时，你应该立刻竖起耳朵来。接着，医生说："你的药物在临床前的动物研究阶段，曾出现了一种严重的不良反应，实验用的蜘蛛猴在服药后躁狂发疯，突然开始攻击饲养员，甚至咬死了一个人……"

这听起来太荒唐了。不仅仅是因为这种谣言是错误的，而且你是名负责任的医药代表，你只会宣传自己药物的优势，而不会说竞争药物的劣势。你从来没想去制造谣言和误导医生。

有时，更让你预料不到的是，你的药物还没上市，有关你的药

📖 **译者注**

再一次提醒我们这些医药从业人员，不论是代表，还是总经理，病患第一，医生第二，我们第三。

物的谣言就可能已经满天飞了。

没错，在你去拜访第一名医生准备介绍新产品之前，这名医生已经听说了有关蜘蛛猴的故事或关于猴子尾巴的事。

遗憾的是，谣言自己"长着腿"，马克·吐温曾说："谣言已经周游半个世界了，真理才刚刚穿鞋。"这个猴子咬人的故事可能有些太离谱了。好吧，下面我来聊聊医药代表可能遇到的一些谣言、误传：

> 虚假的副作用和夸大的不良反应。

> 疗效不佳的虚假传言。

> 用基于商业利益的说法，来攻击一种药物采用了不诚实的宣传话术。例如，这种新药只不过是该公司延长专利保护的小伎俩。

> 神秘的第三方（一位来自Booondoocks医院的医生曾说过，有一名病患服用这种药物后出现身体自燃，结果被烧死了）。

> ……

医药代表应该怎样对付这些流言蜚语？

📖 **译者注**

前文的故事中，tale和tail（尾巴）的发音一样，作者在这里用了一语双关的诙谐语气。

📖 **译者注**

Booondoocks原意是偏僻地区，在这里，作者将其用作一个虚构的地名。

📖 译者注

在医药营销中,有一条不成文的原则,即不要过多提及竞争对手。主要有以下几个方面。

首先,你肯定不会愿意多谈及竞争对手的优势(除非你已经是个超级优秀的医药代表了)。

其次,在拜访医生时尽量不要攻击竞争对手,如果一定要谈及,要么按照公司给的统一说法,要么说:"××产品有它适用的少部分病患,我们的产品对伴有糖尿病、高血压的病患特别适用,在控制血压的同时,又……"

最后,在任何提及竞争对手产品的场合,不要说商品名,而要使用化学名!

◼ 对策

别被惹火了,这没有必要。你的愤怒反而会让医生猜想:"那些谣言没准儿是真的呢。"无论谣言使你感到多么愤怒,都不要失礼!(记住莎士比亚的名言:"不要过分防卫……")你要用确定的科学依据来回应谣言,就像通常拜访时一样。

你可以提醒医生们,那些竞争对手用误导和谣言进行推广的做法是在侮辱医生。你还可以提醒医生们,你每次都是基于可信的科学依据来进行拜访的,并从中找寻能给病患带来的益处,所以你没兴趣编造谣言(也以此来表示,你非常热爱自己的工作)。

提醒你的医生,谣言何以兴起。通常,谣言是由于另一种药物没法和你的药物竞争而采用的伎俩。这是提升你的销量的好机会。

◼ 更好的对策

和你的医生客户建立起牢固的关系。

下面,我讲一个自己遇到的情况。我和 X 公司的医药代表关系不错,也觉得该公司的药物应该是在同类药物中的首选,所以经常处方这种药物。最近,一个竞争厂家的医药代表来拜访我,谈及 X 公司的药物在一项近期的大规模临床研究中造假。这名医药代表还旁敲侧击地攻击了这项研究的某些结果(我知道他在撒谎。他不知道我就是研究者之一)。我感到很气愤,这家伙居然这么干!我的研究被侮辱了。同时,他的所作所为意味着将这个优秀的药物束之高阁，同时，我的医药代表朋友也遭到了攻击。

我是一名精神心理医生，所以不会让情绪左右自己。即使我不知道该项临床研究的细节，我仍然感到我的医药代表朋友遭到了中伤。像一名训练有素的心理医生那样，我一点儿也没有流露出愤怒的神情，对他说："时间到了，谢谢你。"然后客气地领他出去。他对我突然中断谈话感到很疑惑，"一定有什么事儿。"他低声嘟囔着走出我的办公室。

可恶的守门人

在医药代表拜访医生时，要对付前台人员和看门人也不容易。俗话说："阎王好见，小鬼难缠。"

医药代表需要把自己推销给他们，向他们展示自己的真诚、可靠和服务。

他们中的很多人都是非常好的人，但他们的工作非常紧张、忙碌，而且需要他们保卫时间更宝贵的上司。不过，也有少部分人会稍稍滥用这点儿小权力，导致医药代表这一天的工作就更难了。

前台人员都有一个每天的日程安排（可没有安排你），所以你得机灵点儿。例如，想办法让医生离开办公室。和你，以及可能还有一位来访的专家，一起共进午餐或晚餐是比较有效的方法。

有一次，某医药公司邀请我做巡回演讲。演讲安排在下午。上

第8章 拜访时，讲解产品信息的10个障碍

午，我陪一名医药代表去他的一名医生客户的办公室。医药代表得意扬扬地对前台小姐说："今天我是和法兰医生一起来的，他是这个、那个……的主任，而且琼斯医生正在里边等我们呢……"前台小姐连眼皮都没抬，说道："好吧。过10分钟马上滚出来！"

别和前台人员结仇。

谢绝医药代表拜访

见不到医生，你就不可能影响医生的处方行为。遗憾的是，许许多多的门诊诊室和病房的医生办公室都拒绝医药代表来访。这都是那些糟糕的医药代表造成的。此后，所有的医药代表都被戴上了"招人烦"的帽子。医药代表们不得不替那些差劲的医药代表背黑锅。

和医药代表们一样，我也对这种"一朝被蛇咬，十年怕井绳"的做法感到失望。有时，医院或医生不得不控制医药公司的医药代表们，并建立禁止医药代表拜访的制度。我最近和一名医生同事聊起此事，他是我们医院大内科的主任医生，他的办公室禁止任何医药代表进入。即使如此，他也承认有些医药代表确实很有礼貌，而且在许多方面对自己很有裨益。例如，对治疗病患很有帮助，对医生的临床研究贡献颇大，提供医学继续教育（Continue Medical Education，CME）项目的资助，而且还给病患慷慨地提供样品和各种服务。既然如此，他为什么还拒绝医药代表的拜访呢？

> **译者注**
>
> 国外的医院每月都有专门的医药代表接待日。国内许多医院的药剂科每周也都安排了医药代表接待日。译者曾多次陪同或旁观过医药代表们的拜访，很遗憾，大多数医药代表的拜访还欠火候。最大的问题是，医药代表还在关注："我想进药""我想请您多处方""我想……"请参阅本书第8章（第79页），法兰医生说："……开户对她很重要，但和我有什么关系？"

"感到没有被厂家的营销活动忽悠，我心里很踏实。"

你看，医生将医药代表提供的所有东西都转化为一种"感受"。不是有理由或没理由的问题。我向他建议，如果他不能理性地将营销说辞和可信的科学依据区别开来，他将根本没法开展医学业务。在此，我不打算重复他接着说的……（你觉得他会怎么说？）

很清楚，他知道医药代表的服务和帮助是一种资源，他也需要。但他宁愿在办公室外谈论此事。对于禁止医药代表拜访的制度，如果医生们不拒绝医药代表的来访，尤其是有些很过分的医药代表，医生们就有一种失去控制的感觉。所以，为了赢回这种控制的感觉，医生们回绝任何医药代表。你们的策略是什么？

对策

让医生们恢复自己控制的感觉！让医生们感到，你能按照他们的安排、他们的时间，提供你的帮助和服务。组织医学继续教育活动、午餐学术会、晚餐会、郊游等任何他们可以接受的形式，唯一的障碍是你的创造力和想象力。

此时，牢固的关系能帮助你在这场"守门人"游戏中胜出。即使在禁止医药代表的场合，仍然有人能够进入办公室见到医生。所有的朋友们进来，其他人免进。

批注

医药代表只有达到并超越了医生心中已形成的服务感受，才能成功地进行竞品处方转换。服务感受可以使用服务感知差距模型来测量。

译者注

医生不仅被医药代表"宠坏"了，而且医生在整个社会阶层中，也处于很高的位置，不管大家目前怎么议论、非议。更要命的是，目前的医疗模式决定了医生在病患面前的强势、权威地位，而这一切都筑成了医生的自尊、自信和在医药代表面前的傲慢。

译者曾多次在医药代表的培训课上，进行角色反串的游戏。之后，担任医生角色的医药代表都一致认为："当医生太不容易了，医药代表是挺烦人的……"这可是医药代表自己说的呀。

医生脑袋里满了

与其他人相比,医生总在不断接受着太多的信息。医学信息如同股票市场的消息一样泛滥。医生必须从无数医学信息中挑选出自己需要的部分。我曾就抗抑郁药物进行专题演讲,其中几张幻灯片的题目是:"小心!药物的相互作用。"因为有数百种药物和抗抑郁药物在理论上存在相互影响,临床医生特别需要了解其中少部分有危险的相互作用。会后,许多医生向我索要这几张幻灯片。作为精神科专家,我从众多的可能的药物相互作用清单中整理出最重要的部分,也乐于和大家分享。

医药代表们也是如此!你们给医生们提供了太多的资料。有时,我感到医药代表们给我的资料多得令我都糊涂了。我开始自己整理,总结其中的关系,然后得出自己的结论。而这些结论可能不是医药代表希望的,或者对我的工作并不是最有帮助的。医药代表的任务是,找寻出哪些对医生来说是最关键的,然后根据医生的需要对推广资料进行"量体裁衣"。另外,当医药代表从一个医生办公室进入另一个办公室时,别总是说同样的话。

在更多的时候,你说得太多了,而没有足够的时间去倾听。

医生对药物有错误认知

医药代表是公司药物的专家。

医药代表的大多数医生客户并不是给产品做演讲的专家，也没参加公司药物的临床研究，也没写过有关公司药物的文章。最近，我在一次巡回演讲时，听众席中一个人发言说，这种新药物只不过是医药公司延长专利保护的策略，并不比之前的药物更好。他坚持认为开发这种新药物不过是商业行为而已。他的说法是错的，事实上，这种新药物的专利保护期离失效还有 3 年时间。这是否也使你回想起，在拜访时遇见的某些类似场景：一名医生说了一些你认为不正确的观点，你想纠正他的说法，又不想惹恼他或显示出对他不够尊敬。

对策

试试像我这样做：首先，我让发言的医生了解到有这种错误想法是很正常的，药物的竞争对手时常散布误导的、错误的信息。让他有类似的想法正是因为这样的原因……其次，我用就事论事的方式，介绍了正确的情况。最后，重新强调很多人都有这样的想法。

如果你的说明没起效，怎么办？那就别再试图教育他们，他或她会继续和你争执，坚持说你的资料错了。如果你认为这对于病患很重要，有澄清的必要，你这时就需要援军了。你可以请专家或者公司的医学联络官来帮你。有时，医生客户对自己不熟悉的人的话还听得进去（这和婚后夫妻之间的交流挺像的）。

> **译者注**
> 处理反对意见在许多销售技巧的培训中都有涉及。译者的经验是，如果遇到一名医生对你的产品有反对意见，首先在心中默念："感谢上帝，我遇见了一个好客户。"然后，要有足够的耐心进行聆听，收起职业性的微笑，不时用目光鼓励他继续说下去，并不时在本上记下他的意见，以显示他的意见很重要……你看，心态和身体语言都可以成为处理反对意见的首要法门。

不可预知的副作用

有一次，我在一家公司做内部培训演讲时，有一名医药代表讲述了自己的拜访故事。她和一名心内科医生的关系很好，两家人甚至还经常一起聚会、郊游。这名医生对她推广的抗高血压药很帮忙。但是，一名病患因服用药物发生了过敏反应，她的药正是病患当时服用的三种药物之一。这名医生和这名医药代表的关系仍然不错，也保持各自的职业操守，私交也很好。虽然病患的过敏反应可能是由病患的其他问题引起的，也可能是由另两种药物引起的，但这名医生从此停用了她的药物。她该怎么办？

■ 对策

继续正向的拜访，继续作为医生的资源和病患治疗的帮手。

通常，在下次拜访时，她可以向这名医生提示，任何药物都可能导致过敏，而且发生的概率很低。她可以慢慢调整拜访的话题，将药物重新放回医生处方的"舒适区"。在这种情况下，她需要调整自己的时间和期望，这可能需要数周才能奏效。

有关药物费用的争执

最近，有一名医生同事就两个病例征求我的意见：先前，他的两名患抑郁症的病患，病情都很严重，抗抑郁药物只能部分缓解病

📖 **译者注**

危机往往意味着机会。处理类似的危机事件，可以充分展示和运用自己公司的各项资源。例如，当上述的事件发生时，可以让公司医学部的药物不良反应处理专家参与处理，这会让医生亲身体会到你所在公司的专业性和责任的态度。切记，一定不能自作主张，轻易向病患承诺什么。

台湾地区的医药市场和我国内地的医药市场有着相同的特征。不过，在一些台湾地区的医药代表的名片上，现在标注的是"药物临床不良反应联络员"。想想看，这给我们有什么启发呢？

情。后来，他给他们使用了治疗睡眠障碍的药物，效果非常好。这种药物原本是用于治疗失眠症的，而在这两名病患身上，抗抑郁的疗效奇佳。经过数月抑郁症的煎熬，他们可以正常生活而且恢复了工作。利用这种治疗失眠症的药物来治疗抑郁症，肯定是"非说明书应用"（Off-Label），但在这里其收益明显大于风险。尽管如此，在两个月后，两名病患因为保险公司不给报销费用都停药了。对病患来说，还有什么能比"药物的神奇疗效"更重要？但他们还是停用了药物，而转用不那么有效的其他药物。作为医药代表，你们可能也经常听说过这样的故事。

当医生对医药代表说"……你的药物太贵了"时，医药代表和医生之间的交谈基本上已经结束了。这种说法似乎是，无论你的药物对病患多么有利，如果费用成为主导因素，就会大大限制这种药物的使用。对于这种现象背后的心理原因，部分是病患有各种各样的医疗保险，而各种医疗保险都有不同的药物报销目录，即对某类药物有使用限制，而且病患付费的比例也因病情的不同而迥异。医生在开处方时，没法做到对这些情况完全了解，例如，在医疗保险计划中，哪种药物对于什么适应症是可以报销的，哪些是不能报销的。更甚者，对于有的药物，专科医生使用就可以报销，全科医生使用就不给报销。为了避免麻烦，医生们不会使用他们认为"昂贵的"药物。

但是，"太贵了"到底是什么意思？我们都有自己的针对各种消费的优先顺序。我的一个好朋友就很不理解我花了好多钱去看篮球比赛；而我对他为什么花好几百美元买一瓶酒却从来不喝，感到很

> **批注**
>
> 健康还真是可以用金钱来衡量的。药物经济学是经济学原理与方法在药物领域的具体运用。广义的药物经济学主要研究药物供需双方的经济行为、在供需双方相互作用下的药物市场定价，以及药物领域的各种干预政策和措施等。狭义的药物经济学是一门将经济学基本原理、方法和分析技术运用于临床的药物治疗过程，并以药物流行病学的人群观为指导，从全社会的角度展开研究，以求最大限度地合理利用现有医药卫生资源的综合性应用科学。

纳闷。我们对各种事物都有不同价值的认知，这和价格无关。健康就是如此。不是吗？你来给健康出个价！

医生对药物的价格有着特殊的理解和认知。在一次有关药物费用和价格的市场调查时，医生们被问及"多少钱就算太贵了"，医生们立刻反问："治疗什么疾病？"如果面对的是危及生命的疾病，对费用问题将是一路绿灯。而对于亚急性和慢性疾病，费用就是个问题了。接下来，介绍2个在医生小组讨论会上谈到的例子。

> 病例1：一名病患对某种治疗高血压的品牌药反应很好，但他每个月必须自付30美元，相同成分的仿制药仅自付7美元。他要求换药。调查中，绝大多数医生都同意改用仿制药，除非目前使用的品牌药有些特殊的益处。例如，品牌药能更可靠地保护肾脏或治疗心律失常等。
>
> 病例2：一名病患使用一种抗抑郁药物有疗效，每月需要自费65美元，而另一种仿制药阿米替林仅自费6美元。调查中，没有医生同意换药，因为这种仿制药会导致不良反应，而且过量使用将产生严重的毒性。其风险远远大于节省费用所带来的益处。

一个简单的问题，回答却非常复杂。关键因素是：是否是急性疾病和疾病状态的严重程度；专利药是否比仿制药有额外的益处；换用更便宜的药物是否有其他风险等。

假如用数字来描述，对于"维持治疗慢性病的某种药物多少钱就觉得太贵了"这个问题，受访医生一致的意见是平均每月90美元。这个魔力数字低于100美元的心理关口。如果药物的治疗费用低于

批注

对药物的益处和风险的权衡应贯穿药物的整个生命周期，这不仅在研发阶段是首要考虑因素，而且在上市后也是监测和审评的重要环节。药物益处和风险评价是，针对药物对病患和公共卫生所产生的益处，以及药物的不良反应所带来的风险进行综合分析的方法。无论从病患和医生，还是从研发机构、制药公司或药物监管部门的角度出发，确保药物的益处始终大于风险至关重要。

50美元，医生们认为很适度，不会因为费用而影响处方使用；如果费用为50~91美元，需要因人而异。医药代表应当根据药物的特点和优势，对费用进行适当的解释。

现在对费用的问题进行一下总结：

> 不管是否公平，一旦谈论价格问题，拜访只能到此结束了。

> 医生们认为，如果维持治疗慢性病的药物花费在每月50美元以下，不会影响处方。

> 维持治疗药物的花费每月超过90美元，医生们尽量少使用，除非在某些情况下的特殊之用。通常的原因是，在治疗癌症时没有其他替代疗法，并且换成其他药毒性太大，或者病患只对这种药物有反应。

> 医药代表的主要工作是，在药物每月的费用为50~91美元时，对药物的益处进行陈述。

拜访要点

医药代表有效进行学术推广的主要障碍包括：

○ 医生的时间太紧张。

○ 医生已拿定主意。

○ 负面的误解。

- 守门人游戏。

- 谢绝医药代表拜访。

- 过多的信息使医生的大脑"过载"。

- 医生对药物有错误认知。

- 医生对药物的经验有限,而且多是负面的临床经验。

- 药物费用问题。

医药代表必须克服这些主要障碍,才能和医生建立牢固的关系。

牢固的关系可以帮助你和医生见面,帮助你获得医生的信任和支持,帮助你……

第8章 拜访时，讲解产品信息的10个障碍　　93

和医药代表沦落到荒岛上，

……"我再说第一百遍，我不需要一根白送的笔"……

实操指南

本章介绍了讲解产品信息10个障碍。其中，在"医生太忙了"一节中有这样描述："医生们只将机会留给部分医药代表——他们已经成为治疗团队的成员。"当你读完本书后，你会发现，成为医生治疗团队的成员是非常重要和有效的工作方法。在这里，有必要落实一下具体方案，这样能丰富我们的工作内容和内涵。具体行动如下：

➤ 我们不要认为自己是卖药的，这一点非常关键。一旦将自己的工作定位为卖药，我们就会忽视药物治病救人的本质属性，而将药物视为谋取商业利益的商品。

➤ 如果工作的定位不是卖药，那我们是做什么的呢？我们的工作是帮助医生科学、规范地利用药物来有效治疗病患。在这个过程中会发生很多事情，医药代表应围绕这些事情开展日常工作，从而顺理成章地成为医生治疗团队的成员。

例如，

- 为医生提供最新、最权威的学术研究报告。
- 邀请医生参加相关疾病的学术研讨会。
- 为医生提供向权威专家学习的交流机会。

- 请权威专家指导医生并来到科室进行经验交流。

- 努力支持医生有效地治疗病患，及时解决在治疗中遇到的问题，并建立属于医生的治疗经验档案。

- 为医生创造与同行交流经验的机会，使医生通过与我们的合作取得事业上的成功。

第 9 章

关系销售

> **译者注**
>
> 《第22条军规》是一本很著名的小说,号称黑色幽默的鼻祖。小说的主人公为了逃避危险的作战任务而装疯,可是逃避的愿望本身又证明了他的神志是清醒的。
>
> "如果你能证明自己发疯,这正说明你没疯。"
>
> 这本小说带来的影响很大,在当代美语中,"Catch-22"已作为一个独立的单词,用来形容任何自相矛盾、不合逻辑的规定或条件所造成的无法摆脱的困境,表示人们处于左右为难的境地,或者一件事陷入了"死循环"。

曾经有医药代表问我是否有向医生推销的秘诀,我回答两个字,"关系"。医药代表和医生建立牢固的关系是最好的方式。这样,在拜访医生时可以得到拜访机会和足够的时间。然后,医药代表可以运用自己在培训时学到的知识和技能来教育医生并帮助病患。

注意!这里还有个关系销售的戒律。

你看过《第22条军规》(*Catch 22*)这本书吗?书中的那名飞行员想逃避第二次世界大战,所以他请求军医证明他疯了。问题是,正如同军医对他解释的"参战才疯了"。他不想参战的请求正说明他是清醒的。

这就是戒律，也成了任何"自己定义，自我摧毁定义"的悖论。

在对待和医生之间的关系上，医药代表要注意这条戒律：想成为一名成功的医药代表，争取有限的拜访机会和拜访时间，需要和医生建立关系。但是，关系建立后，人们之间会产生友情，这时，职业的界限就模糊了。当人们真的成了朋友后，你很难向一位朋友再推销东西。事实上，你逐渐会感到这种变化——你感到再试着和医生朋友谈公司的药物很窘、很害羞。

你可能已经发现自己处于这样的境地。你努力地进行拜访，而你的医生朋友打断你："别扯那些鬼话了，上次篮球比赛的结果多少？孩子们都好吗？"这似乎在说，"咱们可以谈任何事，就是别谈你的药"。

现在，我们来谈谈医药代表应该怎么应对这种情况。

首先，改变拜访的关注点，使拜访重新聚焦于医生的特定需要。最近，有一名很熟的医药代表来拜访我，谈及将他的抗精神分裂症的药物联合一种新药物，来治疗帕金森病的安全性问题。结论是安全的。我有4名病患通过这种联合疗法得到好转。正是由于这名医药代表掌握了医学进展的信息，我们又开始谈及有关他的药物用于神经科病患的新话题。这些对我们来说是新的信息，于是开启了一扇新的谈话之门。

其次，以私人化的方式进行非私人化的拜访。例如，我的一个

> **批注**
> 医药代表如果仅仅了解医生的出诊信息，这称为公共关系，如果能够和医生有一些共同的爱好，这称为半公共半私密的关系，如果和医生成为无所不说的好友，这称为私密关系。和医生建立私密关系是医药代表的努力目标。

朋友——一年前我们刚刚认识，当时她是一名医药代表。最近，她来到我的办公室，我很高兴地问她怀孕的情况，还想看看小家伙的三维B超照片。我记得，她最后还谈到我几个星期前读过的一项临床研究的有关文献。此时，这名医药代表的谈话方式让我感觉很舒服，她不是说"甭提我怀孕的事情，咱们谈谈关于这项新研究的情况"，而是先继续私人间轻松的谈话。她随后问我："这是我们公司关于药物K的一项新的临床研究，麻烦您帮我看看在这项研究中，哪些方面是我拜访其他医生时必须关注的地方。"我还是她的朋友，也没有因为谈及商业而感到发窘。我被邀请就这项研究发表意见，结果还是一样。作为朋友，我会更仔细地读这篇文献，替她出主意，而且人与人之间的关系处理得更好。

要加强职业化的关系，而不仅仅将关系停留在友情层面，这是一项在医药代表的职业生涯中需要不断修炼的艺术。

首先，应像心理治疗师那样，不要透露过多的私人信息。医药代表可以谈一些私人话题，但如果太过于私人化，会使你远离生意。即使医生主动谈及一些敏感话题，医药代表也应控制节奏，不要一直谈下去。如果医生打听其他人的情况，医药代表要注意在谈话中逐渐把话题引回来。切忌在拜访医生时，向甲医生说乙医生的药物临床使用经验之外的事情。

其次，医药代表要鼓励医生就产品进行探讨，让医生朋友告诉你药物的使用情况。然后询问是否可以在拜访其他医生时，介绍他的意见和引用他的那些奇妙的临床经验。

> **译者注**
> 我国的医药代表经常困惑于医院内、行业中复杂的人际关系，害怕说错话做错事。作者给的建议非常对，即把自己定位为传播医学和药物信息的医药代表，而不是拨弄是非、传播流言蜚语的人。医药代表应对所有人友善，建立良好的关系和美誉度，并让所有人知道你重视其中的每个人。

那么，医药代表如何能够基于这种关系销售达到最好的效果？在你进行药物推广时，可以将处方医生的名字列入 VIP 名单，请他帮助你销售。下面是我自己的经历。

我发现药物 Q 在 SSRI 类药物中对男性病患最合适，我自己给病患处方很多。所以经常就药物 Q 进行学术交流的演讲。这种药物的医药代表最近就请求我在药物益处方面多讲一些。他是这样设计的：

> 安排区域内的医生圆桌会议和学术推广会，请我讲解药物信息。

> 得到公司医学部的帮助，以协助我发表有关的临床文章。

> 邀请我参加公司内部的销售会议，与他及地区内的其他代表一起总结药物的使用情况和临床数据，然后讨论如何在整个地区进行推广和使用。

这名医药代表和我私交不错，你也看出来了，他的拜访虽然都与生意有关，但能使双方都受益。

拜访要点

○ 医药代表的任务能否完成，取决于医药代表和医生的关系。

译者注

根据 2005 年世界卫生组织的一项研究报告，它给出的药物推广的定义是，"任何有关药物的制造厂家和分销商所进行的说服性活动和说明性活动，其作用在于导致医生的处方、采购、供给和药物的使用，都被认为属于药物的推广活动"。

该研究报告还提到，有越来越多的证据表明，医生的处方在很大程度上受到制药公司所进行的产品推广的影响，尽管医生认为推广活动的效果很差。有越来越多的制药公司开始在医学院校进行推广活动。

- 关系可能因走得太近了,而使有效的产品拜访变得困难起来。

- 为了避免这种困局,少透露私人信息,保持职业的界限。

- 根据对医生的了解,来满足其工作需要。将个人之间的关系转化为有生产力的生意。

- 请医生朋友加入你的推广工作当中。

实操指南

本章介绍了"关系销售",其内容非常有吸引力,也值得大家仔细阅读,在工作中,我们听到最多的就是"关系",例如,一定要做关系,必须先建立关系,没有关系医生不可能接受药物等。作者在本章给出的建议是:"要加强职业化的关系,而不仅仅将关系停留在友情层面,这是一项在医药代表的职业生涯中需要不断修炼的艺术。"事实上,很多医药代表为建立友情层面的关系浪费了大量的时间和资源。

那么,职业化的关系是怎样一种关系呢?医药代表在职业生涯中不断修炼的艺术是什么?总结一下成功的医药代表的经验,大家就明白了。

> 职业化的关系。医药代表应竭尽全力帮助医生科学、规范地利用药物来有效治疗病患,医生和医药代表在这个基础上建立的关系才是真正意义的职业化的关系。医生和医药代表间的关系才是健康的、真诚的和可持续的。

> 不断修炼的艺术。

- 成就他人的艺术。帮助医生治疗病患的疾病以成就医生的职业价值;帮助医生提升专业能力以成就医生的职业发展;扩大医生的专业影响力以成就医生的人生。最重要的是,成就病患的健康,拯救病患的生命,改善病患的生活质量。

- 丰富自我人生的艺术。当你看到医生成功！你会有怎样的感受？当你看到病患健康！你会有怎样的感受？当这些都是你努力的成果！你的人生又会有怎样的体验？

第 9 章 关系销售　103

我们一直在恳求以获得拜访你的时间，不过，这次不是……

第10章

医生处方的"舒适区"

> **译者注**
>
> 心理舒适区是一定限度的感知和联想的心理范围，在这一范围内，个人能有效地运作，不会出现不自在和恐惧，所以人们会本能地寻找自己的心理舒适区。在心理舒适区的指导下，人们更容易形成习惯。而在现实生活中，人们大量的行为是在习惯下进行的。
>
> 所以，想改变医生的行为（处方）习惯，需要从改变其心理习惯开始。

当医生相信某种药物能最有益于病患时，会开出处方。医生更愿意从"舒适区"选择处方的药物。

医生用得最多的药物，也就是医生懂得最多的药物。从副作用到临床疗效等方面，医生都非常了解。而且医生感觉使用这些药物，对病患的效果良好。更进一步地说，如果出现了未预料的临床现象和不良反应，医生知道该如何应付。药物都会有不同程度的不良反应，不管是相对安全的治疗食道反流的质子泵抑制剂，还是化疗药物，如顺铂、长春新碱等；只不过后者的不良反应更严重，病患更难以忍受。一种药物可能有严重而且令人担忧的不良反应，也可能因使用这种药物导致更多的风险。但只要医生觉得病患需要，而且不良反应是可预知的、能够处理的，医生会很坦然、很放心地使用这种药物。如果医生在使用某种药物时感觉不放心、不舒服，不论它的耐受性多好，医生也不会将它作为首要选择。

从表面看来，这似乎很有道理，医生需要感觉使用某种药物很放心、很舒服。但这真正意味着什么？怎么才能使一个不被了解的药物或根本被拒绝的药物，进入医生感到舒服的药物名单？

为了说明"舒适区"的含义，以便医药代表在拜访工作中运用这一原理，下面我们一起来看看有关心理学研究的结果。

使医生对一种药物感到舒服的原因：

➢ 对它很懂，知道它很可靠。

➢ 知道它是安全的。

➢ 知道怎样处理非预期的临床现象和不良反应。

➢ 在难治的病患中得到良好的体验。

➢ 有医药代表的支持和鼓励。

医生为了能够完全放心地使用某种药物，首先关注的是该药物的疗效。通过规范的临床试验所得到的结果和经过 FDA 批准上市，都是证明药物可靠性和疗效确切的最起码的前提条件。不过，这些数据和结果有时并不能反映医生临床工作的现实情况，这些数据和医生的经验也并不完全一致。

给出可靠的疗效评价对于某些疾病的治疗领域是困难的。当今

> **译者注**
> 　　许多慢性病如高血压、冠心病、糖尿病等，甚至肿瘤目前也被视为一种慢性病，在治疗目的方面，有许多治疗指标并不是治愈率、有效率等，而是治疗过程指标，如延缓病患发生心梗、终末期肾病；延长病患寿命、再次住院的时间等。
> 　　对于某些不能治疗的疾病，提高病患的生活质量和生存尊严，成为治疗指标。尤其对于病患的终末期，医学界已经提出了"生理—心理—社会—灵性"四位一体的病患关切模式。

第 10 章 医生处方的"舒适区"

医学和药物的发展也不是万能的,如治疗阿尔茨海默病。要想评价这些治疗领域的药物疗效,就需要对临床疗效重新定义。在这里,疗效的指标不是疾病的治愈率或所有病患对药物治疗的有效率,而是探讨这种药物对疾病症状的控制,延缓病患住进护理院的时间,减慢疾病的进程,延长病患的有限寿命,或者提高病患的生存质量。这些也是临床疗效的表现,但需要调整医生对疾病和药物的认知心态。

所有医生都关心安全问题,尤其儿科医生更将安全性放在最重要的地位。药物的安全性是儿科医生第一关注的问题。所以,如果你在推广儿科产品时,请务必牢记。其他医生之所以将安全性放在疗效之后的第二位,是因为他们认为一种能通过II/III期临床试验,而且是 FDA 批准上市的产品,应该是安全的。

在使用药物后出现极其严重的不良反应,无论多么罕见,医生都会牢记心头,进而会明显地影响对该药物的使用。假设有一种治疗糖尿病的新药,在上市的第一年中有 60 万病患使用。其中,有三例发生了急性肝衰竭(一例死亡,一例康复,一例进行了肝移植)。尽管发生肝衰竭事件很严重,但也仅仅代表着在上市后监测期用药病患中的极其少数的一小部分,发生率为 0.000005%。

即便如此,当在进行调查时问及受访医生对这种虚拟药物的看法时,你猜结果是什么?

没有医生会考虑使用这种药物。

译者注

I 期临床试验主要是研究药物在人体的代谢过程;II 期临床试验是在小规模人群中进行药物毒性和疗效的研究;III 期临床试验是在大规模人群中进行药物疗效和安全性的研究;IV 期临床试验是在药物上市后进行的不良反应监测。

现在，谈谈影响医生心理舒适区的最后一个方面。

一家医药公司的医药代表向我介绍了一种全新的治疗嗜睡发作症的药物。在我第一次给病患使用时，面对的是一名严重的抑郁症病患（伴有木僵状态）。他对任何抗抑郁药物和电休克治疗都无效，我对他简直毫无办法。这位老先生已经 89 岁了，带着心脏起搏器，我的同事们都不再认为他是名病患！我只能试试其他方法。我给他开了这种全新的治疗嗜睡发作症的药物，处理的当然是药物的非说明书适应症。一周后，他居然对药物有了反应，而且慢慢好起来；不良反应也很轻微，不值一提。经过这么复杂而危险的一个病例，还得到了如此戏剧性的疗效之后。想象一下，当我给一名 32 岁且没有其他疾病的抑郁症病患使用该药时，心里会感到多么舒服。

最后一点，也是最重要的，医生需要医药代表的支持。

医生在得到自己的临床经验之前，医药代表对自己产品疗效的信心、对自己产品的不良反应及其处理方法的知识，都是医生赖以依靠的最重要的来源。医药代表的信心也能帮助医生树立对产品的信心。我经常对严重抑郁症病患讲："相信我，这种药对你一定有帮助。"一名毫无希望的病患会体察到我的信心，尽管他还没有开始服药，就已经对药物治疗产生反应了。这个心理反应将帮助病患度过治疗刚开始而药物还未完全起效的日子。在最初的阶段，抑郁症病患的自杀倾向最严重。

在一些疾病中，对于绝大多数病患的治疗效果的好坏，在很大程度上取决于病患和医生之间的相互关系。医药代表的工作也是如

> **译者注**
> 木僵是一种精神疾病的罕见症状，是一种不同程度的行动完全消失，对外界刺激也不产生任何反应的状态。木僵的表现为不语、不动、不食等精神运动性抑制，而实际上并无意识障碍。根据发病机制的不同，木僵状态可分为以下几类：紧张性木僵、器质性木僵、心因性木僵、抑郁性木僵等。常见于紧张型精神分裂症、器质性精神障碍、心因性精神障碍、抑郁症等。

✏️ **批注**

可以通过分析医生的处方行为，来发现医生的处方舒适区。通过对医生的处方行为及其影响因素进行深入分析，可以从深层次上揭示产生医疗服务矛盾的内在机制，对于制定正确的营销策略具有重要意义。但是，医生的处方行为涉及医疗费用的控制、医药资源的利用、医疗服务管理，以及医生、医院与病患间的经济利益，已成为影响各类医疗关系的重要基础与关键环节。医药企业可考虑委托第三方调研公司完成医生处方行为的分析。

此，调整医生的心态可以增进医药代表和医生的关系。一名可信赖的、充满自信的医药代表可以持续给医生提供教育，向医生提供信息，从而树立起自己诚实的形象。借助医药代表的信心，医生会将医药代表的药物放进舒适区。

在你准备进入拜访的最后一个环节之前（详见第 11 章），医药代表要想着医生的舒适区。

拜访要点

- 处方来自舒适区。

- 医药代表的工作是将药物移进医生的心理舒适区。

- 想要医生对你的药物感到放心、舒适，需要他们了解药物的疗效、风险、不良反应及相应的处理措施。

- 医生在用医药代表的药物治好了一名高危、难治的病患之后，通常都会对医药代表的药物感到更加舒适。

- 医药代表的支持和信心对提升舒适度水平很关键，特别是在新药物的上市初期。

第 10 章 医生处方的"舒适区" 109

看上去,那个家伙好像在追着医生签名……

第 10 章 医生处方的"舒适区"

实操指南

本章介绍了医生处方的"舒适区",讲解了医生因为什么而愿意主动处方药物。作者在本章的第一句就给出了答案:"当医生相信某种药物能最有益于病患时,会开出处方。"

医药代表在销售工作中追求的境界是医生主动处方,而不是因为天天去"露脸"或者用非专业方式的服务来换得处方,以这些方式获得的处方都是有限和不可持续的。学到这里,可以对医生主动处方药物的原因做个小结,再看看下面的内容是否与你的总结一致。

> 医生清楚地知道药物最适合治疗的病患类型,并在临床工作中能够通过病患主诉和临床检查找到具体的适合病患。

> 根据病患的病情自信地采取不同的治疗方案,并能提高病患的依从性。

> 当病患的病情发生变化时,医生能够自如地调整剂量,甚至调整治疗方案。

> 医生尤其能熟悉不良反应的预防措施,当病患出现不良反应时,能够有效处理。

第11章

拜访的最后一步：销售缔结

我记得，曾经有一名医药代表给我带来一篇有关他的药物的新的临床研究报告，结果显示，该药物用于治疗躁郁症病患能明显减少住院时间。这个试验正好满足我的需要，于是我对他说："我想马上给琼斯先生使用，他已经住院两周了，病情一点儿也不稳定。"随后，我意识到这名医药代表工作一定很出色，最后由我替他做了销售缔结。

医药代表工作的目标不是要求医生的处方承诺，或是片面追求销售缔结。

如果医药代表的出色拜访能使医生确信，他的药物是针对其适应症病患最好的选择，在结束拜访前，医生不再有任何问题而且觉

> **译者注**
> 缔结是销售中的一个专门术语。狭义的缔结是指在销售过程中的最后一个动作——要求客户订购。广义的缔结是指销售人员在销售过程中得到的由客户做出的任何确认行为。

第11章 拜访的最后一步：销售缔结

得使用该药物对病患是很有益处的，那么未来的处方用量不言自明。在拜访结束时，若医药代表要求医生做出一个使用产品的承诺，这种方式很愚蠢，而且会起到反作用。实际上，如果医药代表硬要医生承诺使用药物，医生反而会开始怀疑自己刚才听到的信息是否可靠。拜访后的处方是医药代表进行学术拜访之后自然而然的事情。如果你像这样拜访，就会发现医生会主动给你承诺，而不是被强迫做出承诺。

作为一名医药代表，假如你的销售经理一定要求你在拜访结束时，按照职业销售技巧的套路要求（开场白、探寻、陈述、缔结），最后得到医生的语言承诺，不妨试试以下几种方法：

➢ 我想让你对使用药物 X 完全放心，那么还有什么我能回答的问题吗？

➢ 你还需要我提供什么资料来使你对药物 X 更放心吗？

➢ 我知道，经过刚才的介绍，你对使用药物 X 感到很放心，其他还有什么需要我帮忙的吗？比如，提供资料、实验报告。

医药代表应该使用一种和缓的缔结方式，而不是要求、强迫。如果你一定要问"给多少新病患使用"之类的话，练习一下这种方式：

➢ 我希望你在给几名新病患用药物 X 时能感到放心。三周后，我再来拜访你，很希望能听听你的经验和意见。

译者注

目前，医药代表在进行学术拜访时，最难掌握、也最遭医生厌烦的是探寻环节，这要求医药代表在拜访前做大量的准备工作。现在的问题是，在医药代表拜访医生时，刚说完拜访目的，久经"磨砺"的医生们就打断医药代表的探寻，说："你就直说你的产品，别问来问去。"于是，医药代表只好把产品的知识背出来。其实，不要硬将探寻和陈述分开。最重要的是，在拜访时，你和医生要进行交谈。而交谈是少有环节可言的，在任何时候都可以探寻，然后陈述。交谈是一来一往的循环过程。

医药代表真正要说的是:"医生,您的意见很重要,我想了解您对使用我们药物的经验。"这种说法和培训课上所讲的销售缔结似乎不一样。若能转换谈话的出发点,意义就大了。你不再想,当然也不再说:"医生,你欠我 10 名新病患。"你应当说:"你的经验很有价值,请教导我,我的药物如何帮助你的病患。"

拜访要点

○ 努力不再只是追求销售缔结,用自然的谈话方式结束拜访。

○ 如果你想要获得医生使用的承诺,请多花时间练习。

○ 谈论让医生在使用产品时会感到舒适的相关话题。

○ 如果你在拜访结束阶段之前做好了工作,即你已经将你的药物移进了医生经常使用的舒适区,那么还发愁处方量吗?

译者注

销售缔结要用到多种重要的销售技巧,运用得好甚至是一种艺术。从销售管理来看,这可能和医生本人的感觉差别很大。就像医生的需求是需要管理的一样,销售结果也是需要管理的,只是在什么时候、用什么样的方式来缔结的问题。如果前面的工作都做得很好,医生有用药的需要,医药代表的服务对医生也有价值,缔结就是一个顺理成章的事情。

第 11 章 拜访的最后一步:销售缔结

实操指南

销售缔结是从事销售的人员最重视的环节。说得通俗点儿,你要在拜访结束时告诉医生你的拜访目标,或者希望医生采取的具体行动。当然,对于医药销售缔结来说,其目标是希望医生处方药物。

这看上去很简单,而很多人做得更简单,即直接要求医生更多处方药物,甚至还有很多人不做销售缔结。询问他们不缔结的原因,回答是,医生还能不知道我希望他们多开药吗?!

其实,销售缔结有时可能贯穿整个拜访。这是为什么呢?当熟悉的医生非常繁忙,不能接受你的原定拜访时,我们就要将销售缔结向医生再传递一遍。如果你与医生进行了完整、有效的专业拜访,在结束时就更应该进行一次销售缔结。

当然,销售缔结也要看医生目前处方药物的具体情况,绝不能次次都采用一样的销售缔结方式。下面进行具体介绍。

➢ 在医生熟练处方药物前:

- 选择正确的病患;

- 规范治疗方案;

- 提示病患注意相关事项;

> **批注**
>
> 分享在刚入行时记忆深刻的一句话:"始于病患,缔结于病患。"例如,抗高血压药物适合的并不仅仅是高血压,而是一个该药物适合的疾病亚型,如高血压合并高脂血症、高血压合并高尿酸血症、高血压合并心率增快、H 型高血压、盐敏感高血压、17a 羟化酶缺乏症等。

- 告知不良反应的解决方案；
- 承诺在使用过程中提供支持方案。

▶ 在医生熟练处方药物后（在没有体现治疗效果前）：

- 强化药物对治疗病患的价值；
- 鼓励医生对更多的适用病患进行治疗；
- 建议医生跟进具体病患以观察治疗效果；
- 承诺在使用过程中提供支持方案。

▶ 在医生熟练处方药物后（在体现具体治疗效果后）：

- 感谢医生认可药物的治疗价值；
- 建议医生收集有效、典型的病例；
- 承诺为典型的病例整理材料，并创造同行分享的机会。

▶ 事务性拜访：

- 可以邀请医生参加会议；
- 对于重要事务，可以在拜访后编辑文字发给医生。

第12章

真正改变处方习惯的秘诀

> **批注**
>
> 转换成本（Conversion Cost）最早是由迈克·波特在1980年提出的，指的是当消费者从一个产品或服务的提供者转向另一个提供者时所产生的一次性成本。这种成本不仅仅是经济上的，也是时间、精力和情感上的，它是构成企业竞争壁垒的重要因素。如果医生从一个企业转向另一个企业，可能损失大量的时间、精力、金钱和关系，并可能面对在采纳新产品后带来的风险，那么即使他们对企业的产品完全满意，也会三思而行。

在我结束住院医生后的第一年，我就打算写这本书。拜访我的医药代表们，以他们的知识和工作热情深深打动了我。作为一名精神科医生，我对自己如何形成处方习惯的问题也很着迷。例如，我将药物X作为治疗抑郁症的首选，将药物Y作为治疗精神分裂症的首选，以及将药物Z作为药物A治疗无效时的备选，等等。我的行为是可预见的，我的处方习惯是固定的，很少改变。为什么会这样？病患因为我的选择而得到康复，我有了越来越多的转诊病患。我按照习惯，逐一将病患类型和药物对号入座，病患都好了，我的事业也发展了。

不同厂家的医药代表们不断地来了又走了，无论是那些一线药物的医药代表，还是非一线药物的医药代表，他们都会用动听的说辞、职业化的拜访技巧来说服我，为什么他们的药物应当是我治疗抑郁症、精神分裂症、躁狂症的一线药物。尽管他们来过了，但在多数情况下，我的处方习惯基本上没有改变。当然，我的某些处方习惯发生了变化。问题是，能真正达到医药代表目的的拜访太少了。于是，我想知道为什么会这样，为什么某个医药代表的拜访成功了，他能取代我原来的药物选择并改变我的处方习惯，而给他带来数以千计的药物处方？

在一次研讨会上，一名医药代表提了一个问题："法兰医生，您作为一名精神科医生，通常都在分析别人的行为和心理之间的关系。那么，您有没有分析过自己改变处方习惯的行为和心理之间的关系呢？"她的问题问到点上了。当我开始思考自己如何改变处方习惯时，我发现基本要素是相似的：

在精神心理疾病领域，动机改变是最令人感兴趣的，也是心理学研究的前沿课题，这些研究指导着我们进行进一步的临床治疗工作。在临床工作中最重要的因素是：医生与病患之间的关系。

一切从关系开始

医生与病患的关系是导致病患转诊的最重要的因素。据统计，医生与病患之间的关系大约占病患转诊原因的 85%。我之所以能够不断有机会为更多的病患服务，主要缘于我和病患之间的关系。医药代表之所以能够改变医生，也同样取决于关系因素。如果你想改变医生的处方习惯，请注意保持和医生的良好关系。

第 12 章 真正改变处方习惯的秘诀

> **批注**
>
> 传统上，医药代表采取 AIDA 模式向医生推广产品，其具体含义是指一个成功的医药代表必须把医生的注意力吸引或转变到产品上，使医生对医药代表推销的产品产生兴趣，这样医生的使用欲望也就随之产生，然后再促使其采取购买行为，达成交易。AIDA 是四个英文单词的首字母。A 为 Attention，即引起注意；I 为 Interest，即诱发兴趣；D 为 Desire，即刺激欲望；最后一个字母 A 为 Action，即促成购买。目前，AIDA 模式正在向 AISAS 模式转变。在全新的营销法则中，增加了两个具备互联网特性的"S"——Search（搜索）和 Share（分享），体现了互联网时代下搜索和分享的重要性，即医药代表不要一味地向医生进行单向的理念灌输，这充分体现了互联网对于人们生活方式和消费行为的影响与改变。

我还记得一名医药代表，那是在做完住院医生后的第一年时遇见的。那时，她对我说："我比整个美国西南部任何医药代表卖的药物 K 都多。""您是我处方最多的客户，我的药物的销量在全国也排在第二位呢。"她的名字叫安妮·李。她是我见过的最好的医药代表，我们建立了一种良好的关系，而且她也成为我们治疗团队中的一员。安妮推广的药物不错，不过，还是因为她才促成了这一创纪录的处方量，而且通过她的关系销售使更多的病患获益。

改变，始于医生自己想改变

这已经是陈词滥调了，不过是对的。如果一个人不打算改变，没有人能替他改变。作为医生的职责之一，就是灌输让病患有改变欲望的想法。如果我仅仅告诉病患怎样做，他们也许不理睬我的建议，或者在复诊时对我说："我按照你说的做了，可是没有用。"因此，医生需要考虑病患自己是否想改变。如果你只是简单地对医生说，请他使用自己推广的药物，就如同医生告诉病患应当怎样生活一样，那是注定没希望的。

从你的经验来看，谁曾经激发了你的改变，或者使你改变了生活的方向？他们是怎样激发你的？改变并不是他们要求你的，他们不过是说服你"改变对你最有好处"。医药代表的工作是给医生一个理由，即"为什么我们使用你的药物对病患最好"。病患的利益是医药代表在说服医生时最重要的支撑点。如果你对医生说"医生，您现在的选择错了，请换用我的药物"这样的话，则会使医生对你产生逆反和防卫心理；而告诉医生"用这种药物，可以让病患受益"，则会得到医生的赞同。

如果医生对目前所使用的药物很满意，问你："我为什么需要改变？"你怎样回答？

你可以从另一个角度思考这个难题："我怎样才能激励医生使用药物 X？怎样才能使医生的工作更容易，而病患得到更好的治疗？"

试试专家访谈的方式，也许就有机会了。如果你有机会安排公司的 VIP 专家和你的关键处方医生共进午餐或晚餐，会取得不错的效果。在这样困难的情况下，不要急于说服医生，别急着塞给医生你自己的结论。

不要下结论！让医生来做结论，医生将会认为它是自己的主意。

举个例子，某个医药代表在拜访时，对医生说："我们公司的这种药物没有性生活方面的不良反应，其他药物都有 30%～70% 的发生率。"或者"我们的药物是独特的，研究显示，在性生活不良反应方面，它和安慰剂的发生率相同。"

就此打住，已经够了，不要再说下去了。医生们都不傻，不要给医生一个结论。当医生不想改变时，若你继续啰唆，会适得其反。

📖 译者注
英文中有一个词"Buy-in"，意思是让你的想法通过别人的嘴说出来。

📖 译者注
这对医药行业培训中的 FAB 模式（Feature, Advantage, Benefit）提出了挑战。医药代表应少说对医生、病患益处的结论，让医生说出结论来。

第12章 真正改变处方习惯的秘诀

拜访要点

- 你要想真正改变医生的处方习惯，从关系开始。

- 不要告诉某人应该改变，而要激发他产生自己想改变的欲望。

- 让医生建立信心，使他认为你的药物对病患是最合适的。

- 当你替医生下结论时，你是在给医生做报告。记住，让医生自己说出结论，他才会记住结论。

- 回想你自己的生活经历，什么使你改变了？

实操指南

应务实地回归医药代表日常工作的真正目的，即以专业的方式改变、建立和培养医生的处方习惯。不难想象，医生一旦形成处方习惯会带来怎样的实际价值。

在本章，作者给出了非常明确的答案。医药代表的工作是给医生一个理由：为什么我们使用你的药物对病患最好。病患的利益是医药代表在说服医生时最重要的支撑点。

动机改变是最令人感兴趣的，这也是本章的理论基础。动机改变是习惯改变的第一步。改变医生的处方习惯同样要先改变医生处方药物的动机。那么，可以让医生改变现有处方习惯的动机是什么？

▶ 首先，你的药物一定对于某类疾病的某亚型病患具有竞争性的治疗效果，从而使医生基于对病患有实际意义的治疗效果产生改变处方习惯的动机。

▶ 其次，你的药物应具有一定的先进性和科学性，这一点对于喜欢新鲜事物的医生们尤为重要。很多医生会为了比同行更早掌握一种更先进和更科学的药物而愿意改变现有处方习惯。这也可能是改变动机（处方习惯）的一个因素。

第 12 章 真正改变处方习惯的秘诀

> 最后，处方习惯的改变要能使医生的职业发展得到更好的改变，这也是绝大多数医生改变处方习惯的内在动机。具体行动方案如下：
>
> - 为服务具体病患建立多种合作形式，如病患教育、专科诊疗中心、专科研究课题等。
>
> - 将收集和整理的典型病例在各种规模的学术会议上进行交流，扩大医生在同行中的学术影响力。

第 12 章　真正改变处方习惯的秘诀　123

你得了猫抓热……

第13章

医药代表的11种错误

当完住院医生，我曾进入一家州立医院进行深造。这家医院的精神科有一群资深的医生，怎么形容他们呢，"有趣"吧。我最欣赏的一位医生，绰号为"时间杀手"，如果预约的病患来晚了，他会拒绝给他们看病，让他们回去，并对他们说："没法给你开药，下个月按时再来。"另一位声名狼藉的精神科医生曾经在给病患做心理治疗时，居然睡着了，醒来后，他辩解说没睡，你猜他怎么对病患说的，他说："你还以为怎么着，因为你太烦人了！"他们这帮医生之间也时常毫无道理地互相指责、攻击，和他们对待病患一样。其他科的住院医生请精神科医生会诊，他们也懒得去，把所有的杂事都推给我——资历最浅的小学弟。幸运的是，虽然他们的人际交往能力很差，但他们全都是医疗水平出色的医生。至于他们是怎么对待医药代表的故事，以后再讲给你们听。

有一次，我回到家和父亲聊起来，向他抱怨说："很失望与这类医生共事，我根本学不到如何当医生，更不用提如何开展自己的医疗业务了。"这时，父亲显示出老人的睿智："有时，你从错误中可以学习到更多。"

下面，我来介绍一些医药代表在工作中的错误做法。

错误1：把自己放在病患之前

医药代表可能犯的最严重的错误，就是把自己放在病患之前！我记得，曾经有一名医药代表被禁止再来我们医院的门诊。他干了什么？那天，我们医院的门诊正在重新布置一间诊疗室，这名医药代表来帮着增设一个小的样本柜。这时，护士走进来，请他暂时出去，她要给病患做肌肉注射。这名医药代表说："我摆完样品就出去。"护士被激怒了，不过还是等他收拾完。门诊主任在听护士报告此事后，说："让他和他的样品一起消失，让他永远别再来了。"

这名医药代表貌似是在做他的工作，却犯了医药代表的大忌。医生和医药代表在为病患服务方面是一致的。医药代表的工作可以另找时间完成，但病患的需要不能等。

最近，我花了整整半天的时间和史蒂夫进行讨论，史蒂夫在一家医药公司负责推广一个新上市的抗抑郁药物。他每次来拜访我时，总是把他的车停得老远，离我的办公室有一英里。他第四次来拜访

第 13 章 医药代表的 11 种错误

我时,我和他开玩笑说:"你每次走上一英里的路,是为了锻炼身体呀,还是害怕在我们医院的停车场有人偷你的轮胎?""不,"史蒂夫说,"我只是想把近处的停车位留给病患。"

错误 2:不尊重忙碌的医生

那天是我今年里最惨的一天。病房住满了,我还要参加 2 个医院里长长的会议,而且还有 9 名会诊病患等着我。这时,有 2 名医药代表来拜访我——罗克和里斯。里斯十分聪明,他看出我今天非常忙碌,仅用几秒钟和我预约一起吃午饭,再谈他的新药进医院的事儿,然后转身出去了。而罗克(我稍后还会再提到有关他的故事),跟我喋喋不休地介绍他的药物。那时,我在门诊大厅的治疗区,我的院内寻呼机也没电了。当我看到门诊护士长艾比时,我向她使了个眼色,艾比明白了我的意思,她请他出去,我才得以解脱。他的药物资料可能很有用,但当时我可没时间听。

医生们都很忙。我在给医药代表做培训时,建议他们练习以把拜访时间控制在 30 秒内,然后控制在 10 秒内!

医药代表在有限的时间内,需要明确以下几个问题:

➢ 哪些是自己药物的最重要的信息?

➢ 在自己离开后,你希望医生记住的是哪两件事?

➢ 你能用 3 句话说完吗?

译者注

国内现在通行的医药代表拜访技巧要求拜访时间至少 10 分钟,甚至你和医生待的时间越长仿佛表示你越成功,而且公司培训你要不厌其烦、不畏艰难地多询问。任何形式的沟通都要求以对方乐于参与其中、能给对方带来价值为出发点,不应让双方都感到很无奈和浪费时间。

批注

3 句话:第 1 句,提出一个疾病亟待解决的问题。第 2 句,说明问题的危害和产生原因。第 3 句,阐述自家的产品解决问题的机制,以及循证医学的支持证据。

当然，医药代表要说完这些是需要时间的，不过集腋也能成裘。

如果医药代表没有预约就贸然去拜访医生，希望医生有时间听自己的介绍，那么他显然在自找没趣。即使上面说到的医药代表罗克向我介绍的药物信息很重要，我也只能拒绝他，因为我有太多事要处理了。医药代表应该努力寻找拜访医生的最佳时机；如果未预约拜访，发现时机不合适后，可以像里斯那样做，跟医生另约时间。

错误 3：谈论其他医生的处方量

除非医生在过去 20 年一直住在火星上，否则他一定知道每家医药公司都在监测处方量和处方的流向。医药公司的这些手段对于监测药物的市场成长和对医药代表的绩效评估，都很有效。全国性的处方分析或市场份额，对于药物的临床应用也是有价值的信息。

如果药物的市场份额在同类药物中位列第一，这在向医生传递明确的信息：药物的有效性和对病患的帮助。如果某种药物的市场份额很小，即使经过营销活动和出色的医药代表的推广，医生也会认为这种药物有问题。医生愿意倾听关于药物的市场信息，他们会将自己对药物的印象和全国成千上万的同行们进行比较。这些市场数据，通常是给老板们做汇报时用的，医药代表在拜访医生时也可以用。

然而，作为一名医药代表，如果你和他人分享医生个人的处方数据，或者在区域内泄露他人的处方数据都是不可饶恕的。医生也许会给医药代表看他的处方数量，或者谈论其他人的处方情况。这

> **批注**
> 分析医生处方量的目的包括：了解临床真实的疾病情况；了解真实的临床用药情况；帮助精准定位产品；帮助设定潜力和增量目标；对合理用药进行监控。

看起来似乎是个不错的机会，双方关系融洽并能一起谈论药物，但其实这是一扇陷阱之门。当人们开始谈论生意时，病患就退到第二位了。医药代表拜访的焦点应该永远是病患第一。在这一点上，如果做好了，产品销量会随之而来。

有时，有的医药代表在培训时问我："如果医生说'我知道你有我处方的数据，让我看看，该怎么办？'"如果医生询问医药代表与他无关的事情，最好的做法是礼貌地拒绝回答。下面几个回答可帮助医药代表摆脱窘境：

> 数据没有存在我的电脑里。在这儿，我没法登录公司的系统。

> 我所看到的数据都是根据邮政编码分组的医生群体数据，我不知道单个医生的处方数据。

> 我没留心注意，我关注从您（医生）这儿得到病患使用情况的信息。如果病患反映良好，相信在数据上会有所反映。

> 您看我像盖洛普公司的人吗？（开个玩笑，别试着用这招。）

错误4：只谈生意

> 当上主诊医生以来，仅仅经历了一次，我就再也不让一名医药代表到我的办公室了。但我没有真的自己去做，我让办公室主任来做这种事情。我对办公室主任说："我今天不想见在门诊等候的那名医药代表，以后永远也不想。"

📖 **译者注**

盖洛普公司由美国著名的社会科学家乔治·盖洛普博士于20世纪30年代创立，是全球知名的民意测验和商业调查咨询公司。目前，盖洛普公司在全球25个主要国家及地区设有分公司，涵盖全球60%的人口和70%的总产值。盖洛普公司大约有3000名分析、咨询和培训专家。盖洛普（中国）咨询有限公司成立于1993年。

> 当时，那名医药代表在走进我的办公室时，已是一脸的不高兴，而且丝毫不掩饰他的不满。我很少用他的药物，实际上，我甚至不记得用过。他一直在唠叨，告诉我他在其区域内没办法了，他的销售经理逼着他要提高销量，他的指标……他把时间都用在谈他的业务、他的区域、他在公司的排名、他的公司，但就是不说他的药物对病患也许是个不错的选择。他所谈的完全背离了他应当做的。那天，我们谈的时间很短，我仍然希望和他的公司维持关系。他的公司应该另派一名医药代表来跟我谈论临床信息，而不是派一名专谈生意的医药代表。

我讲这个例子的目的是，想告诉医药代表们，如果专注于生意会让医生远离你们。失落感、恼怒和不满对你们拜访医生是毫无用处的。

错误5：拜访时，常说竞争产品的坏话

我认识一名医药代表，她干得很不错，在病房里开科室推广会介绍产品也很在行。可是，我们每次在交谈时，她总是在说其他竞争产品的坏话。她告诉我：竞争药物 X 的疗效不好；竞争药物 Y 有这样或那样的不良反应；竞争药物 Z 在临床 I 期实验中发生了很吓人的事故。我猜她想告诉我，在服用药物 Z 之后，试验小白鼠们都跳进饮水槽自杀了。我每次都在她还没说完之前，就打断了她的话。

她这种做法的结果是：首先，消极的说法会导致消极的印象。其次，她诋毁竞争对手的药物，反而使我想起许多病患用着其他竞

争药物而疗效确实很好。最后，她的医生客户会想，她为什么不谈自己药物的优势，她是不是没什么可谈的了。对医药代表来说，这种"用我的药吧，其他的都是垃圾"的策略是很失败的。在一项对专科医生的调查中，医生们对这种做法最反感。

在调查中，受访医生被要求就以下医药代表的拜访方式，从最受欢迎到最不受欢迎进行排序，结论如下。

> 最受欢迎：在拜访中，用75%以上的时间谈医药代表自己的药物；必要时，用数据和竞争产品比较。

> 其次：仅谈医药代表自己的药物，不谈别人。

> 再次：稍微谈及竞争产品的不良反应，用超过50%的时间谈医药代表自己的药物。

> 最不受欢迎：用很多时间谈竞争产品的不良反应或负面信息。

在此项调查中，以下结论最应该引起医药代表的警觉：医生们要求医药代表只关注自己药物的信息，如果医药代表老是谈竞争产品的坏话，医生们宁愿不听他说的任何话。

错误6：急着套近乎

医药代表和医生建立良好的人际关系，需要花费大量的时间和精力。到目前为止，只有4名医药代表知道我的手机号码，他们不用

译者注

医药代表在拜访医生时需要对竞争对手有所了解。而向医药代表提供资料的是市场部。这就要求公司市场部的产品经理为医药代表提供准确、客观的说法，而不是任由医药代表个人发挥。

预约，可以随时到我的病房或诊室来。如果他们邀请我在午餐或晚餐会上演讲，只需要提前 1 天告知我（只要在演讲时间内，没有芝加哥公牛队的比赛）。他们都是出色的医药代表，我也依赖他们的帮助来治疗病患。

接着，我要谈谈前面提过的罗克。还记得他吗？

> 有一天，几名医药代表正在我的办公室里等着。另外两名医药代表先谈完了，罗克还等在我的办公室门口。我猜他注意到了我跟那两名医药代表的亲密关系，于是也开始学人家的样子。可是，这才是我俩第二次见面！我没理他，埋头忙着处理自己的事情。他站在那里啰啰嗦嗦，还想和我聊 NBA 季后赛的分析，时不时地打断我做图表的工作。他最后说："看起来您挺忙，等您完事儿了，我们再谈。"他还真在办公室里等着我。过了一会儿，我去门诊看病患，他还跟着我。后来，医院医务处主任珍妮救了我，她看到了我痛苦的脸色，于是她拽着罗克的胳膊，请他到楼下的水吧喝咖啡。在那里，珍妮向他解释了我们医院接待医药代表的原则，以及医院和医药公司之间的协议。
>
> 绝大多数人都宁愿和一个漂亮女人（像珍妮那样）去喝咖啡，也不愿意看着我做枯燥的数据统计图表。不过，罗克被珍妮拉走了，这不仅仅因为他太着急跟我套近乎，而且还选在最不恰当的时候。

从这个故事中，你看出了什么？我说过，罗克曾见到前两名医药代表在拜访我时显得很亲切、很热乎。为什么他不行？因为关系没到。我在前面提过这两名医药代表，简和迈克，他们已经是我们治疗团队的成员。他们给病患提供药物，给病房的医生提供教育，给我提供临床信息和资源。我会停下手里的活儿来接待他们，因为他们也在为病患服务。

错误 7：回避药物的不良反应和缺点

> 批注
> 广义的药物不良反应包括因药物质量问题或用药不当所引起的有害反应，如药物的副作用、毒性作用（毒性反应）、后遗反应、过敏反应、特异质反应、抗感染药物引起的二重感染、依赖性，以及致癌、致畸、致突变作用等。在这些不良反应中，有些在药物本身含有杂质或用药不当时出现，有些在质量检验合格、正常的临床用法和用量的情况下也可能发生。

我哥哥叫戴维·法兰，他的职业大概你们都没有听说过，他们那群人称自己为"竞选战略顾问"或"政治运作专家"。实际上，他不想让人们知道他的名字，也不想让人们了解他们那个圈子里的事。有一次，他和我聊起来，在他看来，政治家们犯的最大的错误是被批评家们所左右。

"如果你的对手向你扔大便，而你让它粘在手上，它就归你了。"

没有人希望刚开始辩论就处于防御地位。戴维接着对我说："其实，没有太多人注意到你。"对大众来说，新闻是餐桌旁的噪声。例如，一家人在吃饭时，听到电视里说："……琼斯参议员已经摆脱了诈骗基金的丑闻……"两天后，人们只记住两个词：琼斯、丑闻。戴维曾对保守党人士说："在给电视和报刊写文章吹捧你们的人中，有 95% 都不会投你们的票！"

上面那个政治格言，对医药代表同样重要。

当竞争对手的医药代表来拜访医生时，医生们会听到你的竞争对手将他的药物和你的做比较。他的药物总是有比较的优势，而且产品资料上的字体加粗,用鲜艳的颜色标注,俗不可耐。这些比较是否公正、公平?也许是,也许不是。当你的竞争对手描绘你时,通常都不会那么好看。这就是为什么你在拜访医生时不应该回避谈及药物的缺点和不良反应。你可以问问医生,竞争对手们是怎么说的,然后从这里作为跳板和医生继续讨论。不要让你的竞争对手定义你的药物。你应向医生询问关于自己药物的消极面,然后用事实打败它。

错误 8:医药代表没影了

在第 6 章,我曾经谈过,医药代表和医生保持一定频率的接触是很必要的。再给大家讲个医药代表的故事。我还记得,我最后一次见到药物 Q 的医药代表的场景。她很热情,也对我的工作很有帮助。

> 一年前,我们在全国精神科年会上认识。之后相处得也不错。前不久,她请我在六星级酒店的餐厅一起吃了顿丰盛的晚餐,还邀请了我夫人和她的丈夫。(最后,由我付的钱。我不想让她因为替我的家属付钱而在公司惹麻烦,而且我也愿意付钱。)当我们各自回家后,在好长的一段时间里,她消失了。两个月之后,一名新的医药代表来拜访我,说公司已经分派她到其他地区了,现在由他接替她的工作。猜猜她的药物的处方量?在过去的两个月里,无论是病房的处方量还是门诊的都是零。不是因为我计较几个小钱,而是因为我需要医药代表提供的信息和帮助,如新病患使用药物的指南、病患转换药物时的用药方式和注意事项。这名新医药代表需要从头开始,与医生建立关系,还要证明自己是个可信赖的人。

📖 **译者注**

看来,法兰医生与医药公司市场部的"老油条们"没有太多接触。作者在这里谈及的问题,即"如何描述竞争对手""如何应对竞争对手",都属于产品经理的职责,他们应该为医药代表提供标准答案。这从另一侧面也反映了市场部工作的重要性。

> **译者注**
>
> 目前，许多医药代表将与医生的关系当作自己的资源。这在一定程度上也确实如此。因此，一些医药代表在其分管的区域出现调整时，没有认真地与接手的新医药代表交接工作，或者根本没有交接。
>
> 在这里，给医药代表们一个建议或忠告：医生在乎你这个人，更在乎你的品格和胸怀。若你表现得很大度，医生会很敬重你，与你的关系也会更牢固。

其实很简单，医药代表只需要来医院，向医生解释自己工作的调动情况，将有新人来接替自己的工作。如果可能，老医药代表和新医药代表一起来交接工作，介绍给医生们认识。

错误9：缺乏后续支持

我在前面讲过一个例子，我因为没有非常了解药物 A 的作用机制，于是就不开这种药。我查找 Medline 也没有我要的资料。这看起来没什么大不了的，如果产品疗效不错，用就是了，对吧？但是在精神病领域，药物的作用机制比在其他治疗领域尤其重要。

例如，一名躁郁症病患在出院后平均要继续服用四种有精神作用的药物来维持。我让那名医药代表提供药物 A 作用受体部位和作用范围的医学文献。他对我说，很感谢我对公司产品有兴趣，他将很快安排公司医学部专家专程来拜访我。但公司医学部专家根本没出现。也许这名医药代表忘了说，也许他说了但公司医学部的同事没当回事儿。从我对这名医药代表提出要求后，两个月过去了，我只开出了五张处方。

面对现实吧！医药工业界已经把医生们宠坏了：一旦医生们向医药代表提出关于药物的要求，医生们就期待着医药代表能迅速而准确地提供后续服务。医药代表们只能面对这样的局面。昨天，我收到同事发来的电子邮件，他提及我极少使用的那种药物 A 简直神了，特别是对约翰逊先生。这名病患现在就住在我们医院的另一个病房里，他有严重的被害妄想，医生查房时，问他："谁会伤害你？"

> ✏️ **批注**
>
> 服务质量是指服务满足顾客需求和法律法规及组织自身要求的程度。服务质量的特性一般分为五个方面：可靠性，准确履行服务承诺的能力。响应性，帮助顾客并迅速提供服务的愿望。保证性，服务人员具有的知识、礼节及表达出自信与可信的能力。移情性，设身处地为顾客着想并对顾客给予特别关注。有形性，有形的设备、人员和沟通材料的外表。

他对医生说:"……你就是同谋!"我很感激这位同事给我的信息,现在我曾开始用这种药物了。但让我感到遗憾的是,可能有不少病患因为我曾拒绝使用这种药物而没有得到更好的治疗。为了最好地照顾病患,医生们需要依靠医药代表,正如同医生们需要依靠他们的医务同人。

错误 10:拙劣的拜访

拜访是医药代表的日常工作,也是影响医生处方习惯的最重要手段。医生对拜访的期望很高。若你的拜访很糟糕,你将要付出沉重的代价,也许是产品,也许是你个人的可信度。还会毁掉以前的种种努力。如果你有一整套复杂的产品论点要介绍给医生,先在家中反复练习,再练习直至烂熟。最好让医生听起来很有条理,而且医学用语也要准确,别前言不搭后语的。差劲的拜访会毁掉医生的信心。

举个我自己的例子。

> 我曾就 SRI 类药物进行过多次学术报告。每次,听众中总有人会提"怀孕病患怎么样"这样的问题,尤其是在产后抑郁症方面。或许,因为 80%的抗抑郁药物都开给了女性病患,所以我对此有充分的准备。相比而言,当我参加另一个抗抑郁药物的学术推广会时,我也问来访的专家同样的问题:"X 医生,您介绍的这种药物对怀孕妇女和胎儿安全吗?"

批注

内部营销:包括医药企业对员工的选择、聘用、培训、指导、激励和评价,使企业的每个员工都树立服务意识,具备更好的为外部客户服务的愿望和能力。员工对企业的满意度和忠诚度有助于外部营销。

外部营销:是传统意义上的营销,是医药企业应用产品、价格、分销渠道和促销来对医生客户展开的营销组合。

他回答:"我们认为是的。我是说,我们使用过这种药物,而且我知道有一些关于产后抑郁的研究报告,还有关于绝经期综合征的。所以我们给这样的孕期女病患用过这种药物。有时,我们还用这种药物治疗精神分裂症的女病患。"他说的是什么呀?

也许他查询过这个问题,但他不能清晰地给出一个明确的观点。关于抗抑郁药物对怀孕妇女的安全性这个问题,确实很复杂且很重要,他完全没有回答。当时,坐在我旁边的一个精神科主任悄悄对我说:"我们在临床遇见过怀孕的妇女还在嗑可卡因,这并不说明可卡因是安全的。"

以下是我的标准答案(当然了,演讲前我也演练过好多次)。

妇女在怀孕期间出现抑郁是个很重要的临床问题,这可能导致出生的胎儿出现低体重和其他可能的并发症。所以,在孕期治疗抑郁非常重要,而且应当持续到生产之后以预防产后抑郁症。怀孕期出现抑郁的危险因素包括:既往病史;之前在使用口服避孕药时出现的情绪、情感症状;社会压力等因素,如缺乏丈夫的支持,或者妇女对怀孕感到欣喜和反感的情感交替等。在 FDA 批准的药物中,所有 SRI 类药物都属于 C 类,即预期不会导致出生缺陷,但缺乏对照的试验数据。如同所有药物,对于怀孕妇女,最好都不用,除非我们认为临床益处大于风险。对于孕期妇女出现抑郁的情况,使用 SRI 类药物治疗的临床益处是显著的;而对于风险,从目前已经发表的数据和临